全国“八五”普法统编教材

社区居民以案释法读本

（第二版）

全国“八五”普法学习读本编写组　编

法律出版社
LAW PRESS · CHINA

撰稿人 刘 凝 邱彩霞 樊丽霞
王白云 高丽姣 王清淑

编写说明

2020年11月16日至17日召开的中央全面依法治国工作会议，明确了习近平法治思想在全面依法治国工作中的指导地位，这是我国社会主义法治建设中具有现实意义和深远意义的大事。习近平法治思想是马克思主义法治理论中国化的最新成果，是习近平新时代中国特色社会主义思想的重要组成部分，是全面依法治国的根本遵循和行动指南。

在习近平新时代中国特色社会主义思想指导下，深入学习贯彻习近平法治思想，我们编写《社区居民以案释法读本》（第二版），以落实《中央宣传部、司法部关于开展法治宣传教育的第八个五年规划（2021—2025年）》，切实抓好普法学习宣传，维护好社区居民权益，增强其法治观念。主要修订如下：

第一，内容方面。在2020年中央全面依法治国工作会议上，习近平法治思想被确定为全面依法治国的指导思想。习近平总书记提出的“十一个坚持”就是习近平法治思想的核心要义。其中，第二个坚持“坚持以人民为中心”，要求把体现人民利益、反映人民愿望、维护人民权益、增进人民福祉落实到全面依法治国各领域全过程，积极回应人民群众对民主、法治、公平、正义、安全、环境等方面的新需求、新期待。据此，本书增加了在新时代背景下与社区居民各项权益密切相关的案例。

例如，新增10个人格权方面的案例，尤其是涉及互联网时代公民隐私权、个人信息方面权利的案例。

又如，新增近年人们关注的热点内容。我们根据《民法典》“婚姻家庭编”中“离婚冷静期”“二胎政策”“居住权”，《民法典》“侵权编”中“医疗责任”“网络侵权”等规定,编写新案例,通过案例解析普及相关规定。

再如,针对新时代兴起的保理合同、合伙合同、预约合同、电子合同等,以及环境保护方面的问题,如垃圾分类等,我们新增相关案例。

另外,由于一些法律法规等规范性文件已废止或修改,尤其是 2021 年 1 月 1 日《民法典》施行,本书相应修改了内容。

第二,结构方面。参照《民法典》体系调整篇章结构;增加“人格篇”,作为本书第五篇;第一版第一篇“婚姻篇”调整为第六篇“婚姻家庭继承篇”。更加全面充分地保护新时代社区居民的权益。

第三,文字方面。对小标题作了调整修改,力求简洁、平易;文风更加精炼,详略得当,重点突出。

普法宣传是一个长期、持续的过程,任重道远。2020 年 12 月,中共中央印发了《法治社会建设实施纲要(2020—2025 年)》,明确提出到 2025 年,“八五”普法规划实施完成,法治观念深入人心,社会领域制度规范更加健全,社会主义核心价值观要求融入法治建设和社会治理成效显著,公民、法人和其他组织合法权益得到切实保障。希望本书能为我国的法治建设、社区居民的权益维护发挥作用,作出应有的贡献。

全国“八五”普法学习读本编写组

2021 年 6 月

目录

Contents

第一篇　房屋买卖租赁

1. 楼盘没有预售许可证,签订的房屋买卖合同是否有效 / 3
2. 打算买的房产含有开发商宣传送的顶层花园,该花园能出售吗 / 3
3. 商品房"现房"具备什么条件才能销售 / 5
4. 房屋买卖合同应当具备什么条款 / 6
5. 买房时,遭遇"一房二卖"该怎么办 / 6
6. 买到的二手房,里面有租户,该怎么办 / 7
7. 因为买到的二手房被起诉,该怎么办 / 8
8. 房子在出售过程中遭遇火灾,该怎么办 / 9
9. 买了套二手房,对方过户前反悔,该怎么办 / 10
10. 出租的房子要符合什么条件 / 11
11. 租房必须要备案吗?租房协议必须是书面的吗 / 12
12. 租户享有哪些权利、承担哪些义务 / 13
13. 租户装修房子必须经过房东同意吗 / 14
14. 房屋老化导致租户受伤,该怎么办 / 16
15. 房东要卖房,租户还能住吗 / 17
16. 租户能转租房子吗 / 18
17. 福利公共租赁房屋能否转租 / 19
18. 房屋能否出租给外国人 / 20

19. 租赁期间的房,可以随便涨房租吗 / 21
20. 租户死亡,租赁合同是否继续有效 / 21
21. 租户不交房租,该怎么办 / 23
22. 租房合同的免责格式条款,是否有效 / 24
23. 租户不交物业费,房东有义务交吗 / 25

第二篇 物　业

1. 楼下小卖部太吵了,怎么办 / 29
2. 物业管理人员有权禁止孩子在小区院子里玩耍吗 / 29
3. 业主可以共同决定小区的哪些事项 / 30
4. 物业是否有权关停业主的水电 / 31
5. 如何成立业主大会 / 32
6. 如何解聘物业公司 / 33
7. 业主委员会可以起诉业主吗 / 34
8. 业主委员会如何召开会议 / 35
9. 业主委员会有哪些职责 / 36
10. 临时管理规约中,开发商负有什么义务 / 37
11. 开发商能否将公共绿地改造成停车场对外出租 / 38
12. 业主可否要求物业公司对物业设施进行验收 / 39
13. 开发商要承担哪些保修责任 / 39
14. 房屋的保修期限和范围具体是如何规定的 / 40
15. 物业服务合同有哪些内容 / 42
16. 物业服务合同的违约责任有哪些类型 / 42
17. 物业公司如何承担违约责任 / 44
18. 新旧物业公司如何交接 / 45
19. 物业费是如何定价的 / 46
20. 物业公司能否对业主收取装修管理费 / 47

21. 物业代收水费和电费,可以收取代收费用吗 / 47
22. 物业公司有权对业主进行罚款吗 / 48
23. 精神病患者进入小区将人打伤,物业公司是否需要承担责任 / 49
24. 物业公司尽到了安保义务,是否还要承担责任 / 50
25. 物业公司的人可以随意在小区内挖沟吗 / 51
26. 住宅在顶层,屋顶漏雨,是否可以申请专项维修资金 / 51
27. 居民是否有义务遵守垃圾分类的规定 / 52

第三篇　劳动合同

1. 公司迟迟不与员工签订劳动合同,该怎么办 / 57
2. 劳动合同中未约定劳动期限,怎么办 / 58
3. 公司改制,员工是否需要重新与公司签订劳动合同 / 59
4. 在小卖部勤工俭学,需要签订劳动合同吗 / 60
5. 毕业生就业协议和劳动合同有哪些区别 / 61
6. 什么是集体合同 / 63
7. 劳务派遣要注意哪些问题 / 64
8. 公司可以招聘"临时工"吗 / 66
9. 外派员工应该和谁签订劳动合同 / 67
10. 试用期合同合法吗 / 68
11. 用人单位是否可以代扣员工工资 / 70
12. 最低工资标准是否需要扣除包吃包住的费用 / 71
13. 辞职后,员工两年内不能再从事该领域内的工作吗 / 73
14. 员工被公司裁员后无任何收入来源,还要承担竞业禁止义务吗 / 74
15. 公司规定的工作时间超出 8 小时,还要求员工加班,合法吗 / 76
16. 运输公司安排的工作时间合法吗 / 77
17. 在什么情形下单位应该给孕妇更换岗位 / 79
18. 单位可以根据合同约定解聘怀孕女职工吗 / 80

19. 怀孕女职工是否一律不能辞退 / 81
20. 哺乳期的员工享有什么特殊保护 / 82
21. 职工住院治疗期间的工资如何发放 / 83
22. 在什么情况下员工可以随时解除劳动合同 / 84
23. 合同到期公司不续约,员工能获得经济补偿金吗 / 86
24. 经济补偿金如何计算 / 88
25. 单位不给加班工资,员工是否可以申请劳动仲裁 / 89
26. 对提起劳动仲裁的时效,法律如何规定 / 91
27. 公司欠薪,员工已经起诉至人民法院,可以适用一审终审吗 / 92

第四篇 合 同

1. 没有代理权限的人,签订的合同是否成立 / 97
2. 合同一方提供商品的虚假情况导致对方损失,有何责任 / 97
3. 约定由第三人履行债务的合同责任如何承担 / 98
4. 债务人怠于行使到期债权怎么处理 / 99
5. 合同签订后能否撤销 / 99
6. 债务人低价转让财产,债权人该如何处理 / 101
7. 网购包裹丢失,谁来承担责任 / 101
8. 卖方迟延过户,买方能否解除该房屋买卖合同 / 102
9. 合同解除有哪些法律后果 / 103
10. 提存货物是否意味着已经履行了合同 / 103
11. 卖家因所需原料上涨拒绝交货,该如何承担赔偿责任 / 104
12. 合同相关条款如何补充 / 105
13. 冰箱用了一个多月就不制冷了,怎么办 / 106
14. 合同未续签,租户继续交房租,房东解约是否合理 / 106
15. 租住的房屋甲醛严重超标,租户能否解除租赁合同 / 107
16. 租期未到,房主把房子卖了,要求承租人搬走怎么办 / 108

17. 承租人对租住的房屋是否享有优先购买权 / 109
18. 借款人不按照借款用途使用借款,会承担什么责任 / 109
19. 民间借贷未约定利息,可否要求支付利息 / 110
20. 债务人为逃避债务,将财物赠与他人,怎么办 / 110
21. 不当得利应否返还 / 112
22. 中介人有何权利 / 112
23. 理财产品保底条款有效吗 / 113
24. 免费搭顺风车旅游发生交通事故,由谁来承担责任 / 114
25. 免票乘客出现交通事故,由谁来承担赔偿责任 / 115
26. 李某与某银行的保理合同纠纷,该如何解决 / 115
27. 搭伙搞项目,出现纠纷后怎么解决 / 116
28. 有买房意向,就是预约合同吗 / 117
29. 网络购物,电子合同能否随随便便解除 / 118

第五篇　人　格

1. 人格权包括什么内容 / 123
2. 侵犯人格权的人,将会承担什么责任 / 123
3. 侵犯人格权的人拒不道歉,该怎么办 / 124
4. 可以买卖自己的身体器官吗 / 125
5. 擅自利用他人身份证办信用卡,属于侵犯人格权吗 / 125
6. 网络 Vlog 很火热,但也要有度有限 / 126
7. 将恶搞图片发在朋友圈,是侵犯肖像权吗 / 127
8. 怀疑对方偷钱,在网上散布的行为是否侵犯名誉权 / 128
9. 擅自购买他人信息,属于违法行为吗 / 129
10. 去世的亲属被他人侮辱的,该怎么办 / 130

第六篇　婚姻家庭继承

1. 一方想离婚,应该去哪里的法院起诉 / 133
2. 能在居住地起诉离婚吗 / 135
3. 法院判决不准离婚,6 个月之后才能再起诉吗 / 135
4. 丈夫两年不回家,妻子该起诉离婚,还是申请宣告失踪? / 137
5. 丈夫家暴,妻子应如何请求赔偿 / 137
6. 丈夫在离婚时故意转移财产,妻子可否要求赔偿 / 139
7. 如何确定离婚诉讼中精神损害赔偿的数额 / 140
8. 被家暴,是否可以申请人身安全保护令 / 141
9. 离婚案件中,夫妻一方是否可以申请法院调查取证 / 143
10. 什么情况下构成重婚罪 / 144
11. 婚后买房由一方父母出首付款,房子是一方个人财产吗 / 145
12. 婚后一方父母全款出资为自己子女所购房产,属于夫妻共同财产吗 / 147
13. 婚前一方付首付购买房产,婚后共同还贷,离婚时如何计算补偿款 / 148
14. 同居期间购买的房屋如何分割 / 148
15. 婚后共同购买一方婚前承租的公有住房,离婚时该房屋是否可以进行分割 / 150
16. 婚后出资购买一方父母的房改房,离婚时能否分割 / 151
17. 一方的残疾赔偿金是否为夫妻共同财产 / 152
18. 夫妻一方在有限责任公司的出资额,离婚时另一方是否可进行分割 / 152
19. 夫妻一方转移财产,离婚后另一方是否还能提起诉讼 / 153
20. 名贵首饰等奢侈品在离婚诉讼中可以分割吗 / 154
21. 养老保险金和人身保险赔偿金是夫妻共同财产吗 / 155

22. 夫妻一方以个人名义的借款,是夫妻共同债务吗 / 156
23. 离婚判决书债务归夫妻一方,另一方还有偿还责任吗 / 157
24. 因夫妻一方个人的债务,夫妻共同财产被法院查封、扣押、冻结了该如何处理 / 158
25. 夫妻一方对外担保之债属于夫妻共同债务吗 / 159
26. 夫妻之间约定“精神损失费”是否有效 / 160
27. 夫妻财产约定是否可以采用口头形式 / 161
28. 夫妻间赠与房产是否可以反悔 / 162
29. 夫妻在离婚协议中约定房子归子女所有,离婚后可以撤销约定吗 / 163
30. 离婚诉讼中,经济条件是否为争取孩子抚养权的决定性因素 / 164
31. 去民政局办理离婚手续,听说要有离婚“冷静期”了 / 165
32. 父母生了二胎,哥哥有义务抚养二胎弟弟吗 / 165
33. 继母担心将来没地方居住,该怎么办 / 166
34. 录像遗嘱是否有效 / 167
35. 公证遗嘱具有优先性吗 / 168
36. 游戏装备可以继承吗 / 168
37. 打骂和遗弃老人的儿女,有恢复继承权的可能吗 / 169
38. 哥哥的子女能继承弟弟的遗产吗 / 170

第七篇 侵 权

1. 教唆的人需要承担责任吗 / 175
2. 在免费游乐项目中受伤,由谁承担责任 / 175
3. 在餐馆被烫伤了,由谁承担责任 / 176
4. 行人掉入窨井,由谁承担责任 / 177
5. 给他人帮工受伤,被帮工人是否应该承担责任 / 177
6. 未成年人铁路上玩耍发生事故,由谁承担责任 / 178

7. 被侵权人自身有过错,该如何处理 / 180
8. 景区岩石崩塌致人损伤,由谁承担侵权责任 / 181
9. 为躲避违规穿行路人发生交通事故,该如何承担责任 / 182
10. 搬家过程中家具受损,由谁承担责任 / 183
11. 工作过程中过失损坏他人财物,由谁赔偿 / 183
12. 雇员致人损伤,由谁承担赔偿责任 / 184
13. 孩子在学校被打伤,由谁承担责任 / 185
14. 孩子住校被同学打伤,由谁承担责任 / 185
15. 逛商场被打伤,由谁承担责任 / 186
16. 商品致人损害,被侵权人应向谁索赔 / 187
17. 商场赠品致害,商场承担责任吗 / 187
18. 商品因商家运输仓储而受损,消费者应向谁索赔 / 188
19. 租赁机动车发生交通事故,该如何进行责任划分 / 189
20. 车辆已交付,但未完成过户时发生交通事故致人损伤,责任由谁承担 / 190
21. 车辆被盗之后发生交通事故,车辆所有人需要赔偿吗 / 191
22. 交通事故肇事者逃逸,受害人该怎么办 / 191
23. 环境污染因果关系举证责任由谁承担 / 192
24. 路面塌陷致人损伤,由谁承担责任 / 193
25. 邻居故意挑逗宠物狗因而被咬伤,由谁承担责任 / 193
26. 被动物园里的动物咬伤,由谁承担责任 / 194
27. 猫咪爱好者收养野猫扰民,该如何解决 / 195
28. 行人在小区里被抛掷物品砸伤,由谁承担责任 / 195
29. 患者出院后,经常收到医疗广告,该怎么办 / 196
30. 患者家属是否有权要求医院提供病历 / 197
31. 射击场误操作导致居民受伤,怎么办 / 197
32. 帮忙接送孩子出现意外,谁来担责 / 198

第八篇　交通肇事

1. 开车撞了人，可以“私了”吗 / 203
2. 后悔“私了”解决交通事故，该怎么办 / 204
3. 孩子在小区内被撞，属于交通事故吗 / 205
4. 被外地司机撞了，本地交警管吗 / 205
5. 交通事故责任认定书何时出来 / 206
6. 可以拒绝酒驾检测吗 / 207
7. 对交通事故处理有异议，该怎么办 / 208
8. 被车撞了之后，可以请他人代为参与调解吗 / 209
9. 向警方举报车祸线索，可以获得奖励吗 / 209
10. 在车祸中负次要责任，该如何赔偿 / 210
11. 骑自行车撞人，该如何赔偿 / 211
12. 车祸后，对方不履行调解协议，该怎么办 / 211
13. 车祸后，可以扣下肇事车辆吗 / 212
14. 被车撞了，肯定是由机动车一方承担全部责任吗 / 213
15. 发生连环撞车，责任该如何认定 / 213
16. 大雾致交通事故，该怎么办 / 214
17. 不服交警对车祸的认定，该怎么办 / 215
18. 肇事者跑了，肇事车上了保险，该怎么办 / 216
19. 报废车发生交通事故该怎么办 / 217
20. 车祸致人死亡，该如何计算抚养费 / 218
21. 车祸致人受伤，该如何计算护理费 / 219
22. 车祸致人死亡，该如何计算死亡赔偿金 / 220
23. 车祸的诉讼时效是如何规定的 / 220

第九篇 借贷担保

1. 房产抵押借贷应怎样偿还 / 225
2. 准备继承的遗产能否抵押 / 225
3. 可以用半成品抵押借款吗 / 226
4. 抵押可以是口头的吗 / 227
5. 抵押合同包括什么具体内容 / 227
6. 抵押房产必须进行登记吗 / 228
7. 当抵押权遇上债权转让,该怎么办 / 228
8. 欠债还钱的时候,可以变更优先受偿顺序吗 / 229
9. 因赌博设定的抵押是否有效 / 230
10. 抵押中的房子被烧毁,该怎么办 / 231
11. 当担保遇上债务转让,该怎么办 / 231
12. 出租的房子拿去抵押,租金到底归谁 / 232
13. 如果欠债不还,抵押物可以直接抵债吗 / 233
14. 借钱的利息,一般怎样约定才合法 / 233
15. 他人能以未成年人的名义借钱吗 / 234
16. 欠条的名字写错了,该怎么办 / 235
17. “利滚利”合法吗 / 236
18. 借钱的时候,忘记约定利息支付时间,该怎么办 / 237
19. 当借钱遇上不还钱的,利息该怎么计算 / 237
20. 欠债人死亡,“父债子偿”的说法成立吗 / 238
21. 借款合同,应当包括什么内容 / 239
22. 借条被认定无效,该怎么办 / 239
23. 合伙做买卖期间产生的债务,该怎么偿还 / 240

第一篇
房屋买卖租赁

▶ 1. 楼盘没有预售许可证，签订的房屋买卖合同是否有效

案例

高某购买本市近郊某楼盘一套两居室，在与开发商签订房屋买卖合同之后，听说购买的楼盘是在没有取得预售许可证的情况下，就开始对外出售。高某听到此消息后，非常担心。他签订的房屋买卖合同是否有效？

解析

根据《商品房销售管理办法》第6条的规定，商品房预售实行预售许可制度。商品房预售条件及商品房预售许可证明的办理程序，按照《城市房地产开发经营管理条例》和《城市商品房预售管理办法》的有关规定执行。商品房买卖合同，是指房地产开发企业将尚未建成或者已竣工的房屋向社会销售并向买受人转移房屋所有权，买受人支付价款的合同。如果出卖人未取得商品房预售许可证明，那么出卖人与买受人订立的商品房预售合同，应当被认定为无效，但是在起诉前取得商品房预售许可证明的，可以被认定为有效。由此可知，房屋预售必须取得预售许可证。本案中，如果高某准备通过诉讼途径解决此事，开发商若能在起诉前获得房屋预售许可证，那么法院可以将他们之间签订的房屋买卖合同认定为有效。

▶ 2. 打算买的房产含有开发商宣传送的顶层花园，该花园能出售吗

案例

杨某在上班途中看到某开发商的某楼盘宣传广告，明确写着“买顶层送花园”的宣传内容。售楼处导购主任介绍，开发商在顶层的上面盖

一栋花园,将花园和住宅捆绑出售,以促销顶层房屋。杨某跟丈夫便和开发商签订了房屋买卖合同。杨某夫妇在收房时,却被开发商告知他们购买的住宅可以办房产证,而顶层的花园无法办理房产证,只能由开发商开一张证明,证明这个花园属于杨某夫妇所有。该花园是否能办理产权证?

解析

根据《民法典》第 271 ~ 274 条相关规定,业主对建筑物内的住宅、经营性用房等专有部分享有所有权;对专有部分以外的共有部分,享有权利,承担义务,不得以放弃权利为由不履行义务。业主对专有部分享有所有权,对专有部分以外的共有部分享有共有和共同管理的权利。除法律、行政法规规定的共有部分外,建筑区划内的以下部分,也应当认定为共有部分:

(1)建筑物的基础、承重结构、外墙、屋顶等基本结构部分,通道、楼梯、大堂等公共通行部分,消防、公共照明等附属设施、设备,避难层、设备层或者设备间等结构部分;

(2)其他不属于业主专有部分,也不属于市政公用部分或者其他权利人所有的场所及设施等。

建筑区划内的土地,依法由业主共同享有建设用地使用权,但属于业主专有的整栋建筑物的规划占地或者城镇公共道路、绿地占地除外。

住宅的自用部位和自用设备,是指户门以内的部位和设备,包括水、电、气户表以内的管理和自用阳台。住宅的共用部位,是指承重结构部位(包括楼盖、屋顶、梁、柱、内外墙体和基础等)、外墙面、楼梯间、走廊通道、门厅、楼内自行车存车库等。住宅的共有设施设备,是指共用的上下水管道、落水管、邮政信箱、垃圾道、烟囱、供电干线、共用照明、天线、暖气干线、供暖锅炉房、高压水泵房、消防设施和电梯等。

建设单位或者其他行为人擅自占用、处分业主共有部分,改变其使用功能或者进行经营性活动，权利人请求排除妨害、恢复原状、确认处分行为无效或者赔偿损失的，人民法院应予支持。

擅自进行经营性活动的情形，权利人请求行为人将扣除合理成本之后的收益用于补充专项维修资金或者业主共同决定的其他用途的，人民法院应予支持。行为人对成本的支出及其合理性承担举证责任。

由此可知，顶层的花园属于屋顶的一部分，本质上属于房屋的共用部位，虽然开发商将该花园和顶层住宅捆绑销售，但根据我国《民法典》第271条的规定，顶层的花园属于业主共有的，因此无法办理产权证。本案中，相对比较好的解决方案是，要求开发商将顶层花园部分涉及的房款退还买房人。

▶ 3. 商品房“现房”具备什么条件才能销售

案例

叶某夫妇的朋友高某告诉他们，某楼盘现在正出售精装修现房，只要交了房款，就能随时入住。叶某夫妇想知道商品房应当具备什么条件，才可以对外出售？

解析

根据《商品房销售管理办法》第7条规定，商品房现售，应当符合以下条件：(1)现售商品房的房地产开发企业应当具有企业法人营业执照和房地产开发企业资质证书；(2)取得土地使用权证书或者使用土地的批准文件；(3)持有建设工程规划许可证和施工许可证；(4)已通过竣工验收；(5)拆迁安置已经落实；(6)供水、供电、供热、燃气、通讯等配套基础设施具备交付使用条件，其他配套基础设施和公共设施具备交付使用条件或者已确定施工进度和交付日期；(7)物业管理方案已经落实。由此可知，消费者如果想购买现房，该现房必须达到上述规定中的条件。

4. 房屋买卖合同应当具备什么条款

案例

叶某夫妇相中了一套两居室,就在二人准备签订合同时,因为担心开发商忽悠自己,所以向律师咨询,与开发商签订的房屋买卖合同中,应当具备什么条款?

解析

《商品房销售管理办法》第16条规定,商品房销售时,房地产开发企业和买受人应当订立书面商品房买卖合同。商品房买卖合同应当明确以下主要内容:(1)当事人名称或者姓名和住所;(2)商品房基本状况;(3)商品房的销售方式;(4)商品房价款的确定方式及总价款、付款方式、付款时间;(5)交付使用条件及日期;(6)装饰、设备标准承诺;(7)供水、供电、供热、燃气、通讯、道路、绿化等配套基础设施和公共设施的交付承诺和有关权益、责任;(8)公共配套建筑的产权归属;(9)面积差异的处理方式;(10)办理产权登记有关事宜;(11)解决争议的方法;(12)违约责任;(13)双方约定的其他事项。

由此可知,消费者购买现房,在与开发商签订房屋买卖合同时,一定要仔细阅读合同条款,如果不满意,可以与开发商协商或者补充相关内容。

5. 买房时,遭遇"一房二卖"该怎么办

案例

叶某夫妇和开发商签订了某楼盘一套两居室的商品房买卖合同。但令叶某夫妇没想到的是,就在准备入住时,忽然发现这套房屋已经有人事先搬了进去。原来有另一家人也看上了叶某夫妇选购的这套房屋,便以

高于叶某夫妇房价5万元的价格买下了这套房屋，也与开发商签订了合同，而且已经办理了房屋过户，且已经取得不动产权证。叶某夫妇该怎样维权？

解析

《民法典》第208条规定，不动产物权的设立、变更、转让和消灭，应当依照法律规定登记。动产物权的设立和转让，应当依照法律规定交付。《民法典》第215条规定，当事人之间订立有关设立、变更、转让和消灭不动产物权的合同，除法律另有规定或者当事人另有约定外，自合同成立时生效；未办理物权登记的，不影响合同效力。《民法典》第577条规定，当事人一方不履行合同义务或者履行合同义务不符合约定的，应当承担继续履行、采取补救措施或者赔偿损失等违约责任。《民法典》第578条规定，当事人一方明确表示或者以自己的行为表明不履行合同义务的，对方可以在履行期限届满前请求其承担违约责任。由此可知，本案中叶某夫妇和开发商签订的房屋买卖合同依然有效，但是，由于该房屋已经被过户到第三人名下，因此叶某夫妇无法获得该房屋的所有权，只能根据上述规定，要求“一房二卖”的开发商承担违约责任。

▶ 6. 买到的二手房，里面有租户，该怎么办

案例

张某夫妇购买了一套二手房，并办理了房屋过户登记手续，准备搬进去的时候发现房屋里面住了人，仔细打听下得知，原来这套二手房房主在出售之前，为了避免房屋闲置所造成的损失，已经于出售前两个月将房屋出租给王某一家人。王某已经与原房主签订了为期半年的房屋租赁协议。也就是说，张某夫妇至少要等4个月后王某租赁合同到期，才能搬进去居住。张某夫妇该怎么办？

解析

我国《民法典》第725条规定,租赁物在承租人按照租赁合同占有期限内发生所有权变动的,不影响租赁合同的效力。据此可知,张某夫妇只能等待租户的租约到期之后,才能搬进去住,无权要求租户搬走。但张某夫妇可以要求原房主承担迟延交房的违约金。

7. 因为买到的二手房被起诉,该怎么办

案例

叶某听闻老同学周某因移民国外,准备将自住房出售。于是叶某与周某签订了购房协议,以市价购买了该套房屋,且办理了房屋过户手续。周某出国一个月后,叶某突然接到自己被起诉的法院通知。叶某这才知道,原来老同学周某继承了父母的老宅子,出售的这套房屋总共3间(均登记在周某名下),但其中1间属于周某弟弟小周所有。现在小周得知哥哥周某出售了自己拥有份额的房屋,因此准备以诉讼的方式要回房子。

解析

《民法典》第311条规定,无处分权人将不动产或者动产转让给受让人的,所有权人有权追回;除法律另有规定外,符合下列情形的,受让人取得该不动产或者动产的所有权:(1)受让人受让该不动产或者动产时是善意;(2)以合理的价格转让;(3)转让的不动产或者动产依照法律规定应当登记的已经登记,不需要登记的已经交付给受让人。受让人依据前款规定取得不动产或者动产的所有权的,原所有权人有权向无处分权人请求损害赔偿。当事人善意取得其他物权的,参照适用前两款规定。由此可知,叶某以合理的市价购买了该套房屋,并不知该房屋还有小周的份额,且该房屋已经过户到叶某名下,属于善意受让人,应取得该房屋的所有权。

▶ 8. 房子在出售过程中遭遇火灾，该怎么办

案例

陈某夫妇与李某签订了二手房买卖合同，合同约定："2017年5月15日，李某将房屋全款支付给陈某夫妇。陈某夫妇收到房款后，一个星期之内搬离房屋，并将钥匙交予李某。"同时还约定，双方于5月25日去房管局办理房屋过户手续。但就在这期间，一个电闪雷鸣的夜晚（时间是5月24日凌晨，李某已经搬进去居住，第二天去办理过户），陈某夫妇的房屋遭雷击，并发生了火灾。房屋烧毁面积高达80%。买房人李某见房屋几乎被大火毁于一旦，便不想要这被烧毁的房子。陈某夫妇该怎么办？

解析

最高人民法院《关于审理商品房买卖合同纠纷案件适用法律若干问题的解释》第11条规定，对房屋的转移占有，视为房屋的交付使用，但当事人另有约定的除外。房屋毁损、灭失的风险，在交付使用前由出卖人承担，交付使用后由买受人承担；买受人接到出卖人的书面交房通知，无正当理由拒绝接收的，房屋毁损、灭失的风险自书面交房通知确定的交付使用之日起由买受人承担，但法律另有规定或者当事人另有约定的除外。由此可知，房屋虽然没有办理过户，但已经由陈某夫妇交付给李某居住，在此之后发生的毁损风险，应当由李某自己承担。李某也不得因此要求陈某夫妇返还自己已经支付的购房款或者要求陈某夫妇另行交付房产。

9. 买了套二手房,对方过户前反悔,该怎么办

案例

刘某打算购买同事小张的房子,小张告诉刘某自己名下的这套房子属于经济适用房,第二年刚好满5年,就可以上市交易了,所以现在还不能办理过户,但价格肯定也能便宜。后来两人经过商量,以低于市价2万元的价格成交,并签订了房屋买卖合同,约定第二年8月11日去当地房管部门办理过户。刘某支付房款之后,就搬了进去,在离约定过户的日子还有半个月时,小张突然告知刘某,他家中情况有变,房子不能卖了,可以把全部房款退给刘某。但这一年的房价上涨了20%左右,刘某便主张应按照合同约定到期过户。小张却主张,因为房子未过户,所以房屋买卖合同并未成立生效。刘某与小张的房屋买卖合同有效吗?

解析

《民法典》第502条规定,依法成立的合同,自成立时生效,但是法律另有规定或者当事人另有约定的除外。依照法律、行政法规的规定,合同应当办理批准等手续的,依照其规定。未办理批准等手续影响合同生效的,不影响合同中履行报批等义务条款以及相关条款的效力。应当办理申请批准等手续的当事人未履行义务的,对方可以请求其承担违反该义务的责任。依照法律、行政法规的规定,合同的变更、转让、解除等情形应当办理批准等手续的,适用前款规定。此外,《民法典》第215条规定,当事人之间订立有关设立、变更、转让和消灭不动产物权的合同,除法律另有规定或者当事人另有约定外,自合同成立时生效;未办理物权登记的,不影响合同效力。由此可知,本案中刘某和小张的房屋买卖合同已经生效,虽然因为房屋未满5年不能办理过户,但这并不影响合同的效力,并且按照合同约定,一旦该房屋满5年就能够上市交易。根据上述规定,小

张应当履行办理房屋过户的义务。

▶ 10. 出租的房子要符合什么条件

案例

杨某打算租房，为了不在租房的过程中被骗，杨某想知道出租的房子要符合什么条件。

解析

根据《商品房屋租赁管理办法》第6条的规定，有下列情形之一的房屋不得出租：属于违法建筑的；不符合安全、防灾等工程建设强制性标准的；违反规定改变房屋使用性质的；法律、法规规定禁止出租的其他情形。此外，承租人杨某如果想租房，还需要注意以下问题：

第一，房屋租赁是指房屋所有权人作为出租人将房屋交付给承租人占有、使用、收益，由承租人按合同约定的租金向出租人支付租金的民事法律行为。为了防止被假房东骗钱，承租人一定要仔细检查房东的不动产权证、身份证原件。为了保证这些证件不是伪造的，最好再到房管所、居委会或物业部门了解该房屋的产权状况，必要时还可以拿着自己的身份证或委托律师到房地产管理登记部门查阅出租房屋的产权登记情况。

第二，如果出租人不是真正的房东怎么办？出租人是指拥有房屋所有权的人，也可以是依法代管房屋的代管人或者法律规定的其他权利人。所以，出租人可能不是房屋的所有权人。在出租人不是房东的情况下，为了保证其有权出租，承租人除了查看不动产权证以外，还要认真检查出租人的身份证、房东委托其出租的委托书，最好与房东联系，以免上当受骗。

第三，认真检验不动产权证，不动产权证是能够证明房屋所有权的根据之一,所以,一定要仔细检查,辨明真假。检查不动产权证的时候要看不动产权证上是否有当地房地产管理部门的公章,身份证原件上的姓名与不动产权证上姓名是否一致,出租房屋和不动产权证上所写的房屋是否一致。此外,还要看一下不动产权证上是否还有其他人的名字,是不是由几个人共有该房屋,以及是不是存在抵押等情况。

第四,出租人即使没有房屋租赁许可证,租赁合同依然有效;但是在房屋租赁中,以下两类承租人如果没有房屋租赁许可证,就不能办理相关手续。一是对于租用房屋从事生产经营活动的承租人来说,房屋租赁许可证可以作为经营场所合法的凭证。二是对于租房用于居住的承租人来说,房屋租赁许可证是其向公安机关办理户口登记的凭证之一。

如果要办理房屋租赁许可证,应该到当地政府房地产管理部门办理。如果是县政府所在地以外的建制县,就在市、县政府房地产管理部门委托的机构办理。因此,租房之前一定要全面考察房主的身份、房屋的产权状况,确定出租人是否有权出租。

▶ 11. 租房必须要备案吗?租房协议必须是书面的吗

案例

杨某在租房过程中,想了解法律关于房屋租赁备案和签订书面房屋租赁协议方面有哪些规定。

解析

根据《商品房屋租赁管理办法》第 14 ~ 16 条的相关规定,房屋租赁当事人应当在租赁合同签订后 30 日内,到租赁房屋所在地直辖市、市、县人民政府建设(房地产)主管部门办理房屋租赁登记备案。房屋租赁当事人可以书面委托他人办理租赁登记备案。办理房屋租赁登记备案,房屋租赁当事人应当提交下列材料:(1)房屋租赁合同;(2)房屋租赁当事人身份证明;(3)房屋所有权证书(不动产权证书)或者其他合法权属证明;(4)直辖市、市、县人民政府建设(房地产)主管部门规定的其他材料。

房屋租赁当事人提交的材料应当真实、合法、有效,不得隐瞒真实情况或者提供虚假材料。

对符合下列要求的,直辖市、市、县人民政府建设(房地产)主管部门应当在3个工作日内办理房屋租赁登记备案,向租赁当事人开具房屋租赁登记备案证明:

(1)申请人提交的申请材料齐全并且符合法定形式;(2)出租人与房屋所有权证书(不动产权证书)或者其他合法权属证明记载的主体一致;(3)不属于《商品房屋租赁管理办法》第6条规定不得出租的房屋。

申请人提交的申请材料不齐全或者不符合法定形式,直辖市、市、县人民政府建设(房地产)主管部门应当告知房屋租赁当事人需要补正的内容。

由此可知,出租房屋,必须进行房屋租赁备案。此外,租赁期限6个月以上的,应当采用书面形式。当事人未采用书面形式的,视为不定期租赁。也就是说,如果杨某租房是超过6个月的,最好是签订书面租赁协议,这样才有更好的法律保障。

▶ 12. 租户享有哪些权利、承担哪些义务

案例

杨某比较顺利地办理了相关租房手续,也了解了相关保障内容,但自己作为承租人,住在别人的房里,担心有一天房主变卦,会与自己起冲突,甚至可能会把自己赶出去。因此他想知道作为承租人,自己享有哪些权利,又承担哪些义务?

解析

《民法典》第713条规定,承租人在租赁物需要维修时可以请求出租人在合理期限内维修。出租人未履行维修义务的,承租人可以自行维修,维修费用由出租人负担。因维修租赁物影响承租人使用的,应当相应减少租金或者延长租期。因承租人的过错致使租赁物需要维修的,出租人不承担前款规定的维修义务。第720条规定,在租赁期限内因占有、使用租赁物获得的收益,归承租人所有,但是当事人另有约定的除外。第733条规定,租赁期限届满,承租人应当返还租赁物。返还的租赁物应当符合按照约定或者根据租赁物的性质使用后的状态。此外,根据《商品房屋租赁管理办法》第10~12条的规定,承租人应当按照合同约定的租赁用途和使用要求合理使用房屋,不得擅自改动房屋承重结构和拆改室内设施,不得损害其他业主和使用人的合法权益。承租人因使用不当等原因造成承租房屋和设施损坏的,承租人应当负责修复或者承担赔偿责任。承租人转租房屋的,应当经出租人书面同意。承租人未经出租人书面同意转租的,出租人可以解除租赁合同,收回房屋并要求承租人赔偿损失。房屋租赁期间内,因赠与、析产、继承或者买卖转让房屋的,原房屋租赁合同继续有效。承租人在房屋租赁期间死亡的,与其生前共同居住的人可以按照原租赁合同租赁该房屋。

综上可知,杨某作为承租人虽然住在他人的房内,但并没有低人一等。法律依然赋予了杨某较多的权利,当然,他在享有权利的同时,也要履行法律规定的相关义务。

13.租户装修房子必须经过房东同意吗

案例

张某想装修一下现在租住的这套房子,考虑到这套房子不是自己的,先与房东商量,但房主不同意张某装修房子。张某有权装修房子吗?

解析

根据《民法典》相关规定，我们从以下几方面对本案进行分析：

第一，《民法典》第 715 条规定，承租人经出租人同意，可以对租赁物进行改善或者增设他物。承租人未经出租人同意，对租赁物进行改善或者增设他物的，出租人可以请求承租人恢复原状或者赔偿损失。因此，承租人必须在得到出租人的同意后才能装修房屋、增加附属设施，而且在装修的时候也不能随意改变房屋的结构，拆除承重墙。如果承租人没有得到出租人的同意便装修，那么承租人不仅要恢复原来的状态，还要赔偿出租人的损失。

第二，《民法典》第 710 条规定，承租人按照约定的方法或者根据租赁物的性质使用租赁物，致使租赁物受到损耗的，不承担赔偿责任。第 711 条规定，承租人未按照约定的方法或者未根据租赁物的性质使用租赁物，致使租赁物受到损失的，出租人可以解除合同并请求赔偿损失。因此，承租人应该按照双方合同的约定使用租赁物，否则，出租人可以要求解除合同并要求承租人赔偿损失。

第三，如果房屋确实存在质量问题，需要进行维修，那么承租人需要同出租人取得联系，要求出租人进行维修。《民法典》第 713 条第 1 款规定，承租人在租赁物需要维修时可以请求出租人在合理期限内维修。出租人未履行维修义务的，承租人可以自行维修，维修费用由出租人负担。因维修租赁物影响承租人使用的，应当相应减少租金或者延长租期。可见，承租人对于房屋的维修和改造只能限于房屋确实需要进行维修这一条件，或者是在取得出租人同意之后进行。

第四，经过出租人同意的装修，双方可以自行约定财产归谁所有。可以在出租人同意的情况下，将装修后的财产折价转让给出租人。

本案中，承租人张某要想装修房屋一定要征得出租人也就是房东的同意，否则，自己不但不能享受，还要赔偿损失。

14. 房屋老化导致租户受伤,该怎么办

案例

赵某租住的房子是20世纪80年代末期的职工福利房,已经有数十年的房龄了,房屋内部很多地方已经出现了老化的现象,虽然还不算危房,但总给人一种不踏实的感觉。某个周末的下午,在客厅休息的赵某被头顶掉下来的吸顶灯砸中,花费医药费若干。经过检测,是天花板老化导致吸顶灯固定处松动所致,赵某的损伤由谁来承担责任?

解析

《民法典》第712条规定,出租人应当履行租赁物的维修义务,但是当事人另有约定的除外。所以,及时检查、维修出租房屋是出租人的法定义务,除非双方在合同中约定由承租人来承担维修义务,否则,出租人有义务检查、维修房屋,保证房屋符合合同规定的用途。对于承租人增添的附属设备,双方也可以约定由谁负责维修。

如果房屋损坏是因为承租人的过错造成,或者是因为地震等不可抗力的因素造成,或者双方约定由承租人负责检查、维修房屋的,那么出租人可以免责。但是,需要注意的是,如果该房屋是因为出租人未及时履行检查、维修义务,使房屋未处于良好使用状态下,发生了不可抗力的事件而致使房屋损坏的,则出租人不能免责,并应依过错程度承担一定责任。

在双方约定由承租人负责检查、维修房屋的情况下,如果出租人在出租时,对该房屋的现状有所隐瞒,一旦房屋发生破坏性事故,那么出租人也不能因此完全免责。

综上所述,对出租人拒不修房的,承租人赵某可以先垫付费用自行维修,或者请物业维修,然后向出租人追偿维修费用。为了有效获得补偿,在这个过程中,承租人一定要注意保留证据,如房屋损坏情况、损坏的原

因、维修费用收据，以及曾经要求出租人维修的证据等。

▶ 15. 房东要卖房，租户还能住吗

案例

杨某租住的房子被房东卖给了高某，并且这套房子已经登记到新房主高某的名下。高某让杨某赶紧腾房，但杨某和前房主签订的房屋租赁合同尚未到期，而且现在房屋租赁市场租金已经上涨，杨某如果换房租住，还要承受不小的经济损失，所以杨某不想搬出。此案中，杨某还能继续租住吗？

解析

《民法典》第726条规定，出租人出卖租赁房屋的，应当在出卖之前的合理期限内通知承租人，承租人享有以同等条件优先购买的权利；但是，房屋按份共有人行使优先购买权或者出租人将房屋出卖给近亲属的除外。出租人履行通知义务后，承租人在15日内未明确表示购买的，视为承租人放弃优先购买权。也就是说，如果出租人要卖房，应当首先通知承租人。如果想购买房子的人给出的条件与承租人的条件相同，那么出租人应当将房子卖给承租人，这就叫作“优先购买权”。当然，如果承租人出的价格比别人低，出租人就可以把房子卖给别人。

《民法典》第725条规定，租赁物在承租人按照租赁合同占有期限内发生所有权变动的，不影响租赁合同的效力。因此，如果承租人不想买下这套房子，那么承租人在原租赁合同规定的时间内，还是可以按照原合同的条款继续租用这套房，新房主没有权利让承租人搬走。这就是所谓的“买卖不破租赁”。杨某可以按照该条款的规定，不搬出该房，买房人也不能根据对该房的所有权主张杨某搬出该房。

另外，最初的房屋租赁合同是承租人与老房东签订的，承租人应向老

房东履行合同义务,所以在老房东提供证据证明新房东已享有产权,通知承租人向新房东支付租金,并由新房东与承租人签订租赁主体变更合同之前,承租人仍应按原合同履行,将租金交给老房东。

16. 租户能转租房子吗

案例

租户刘某因工作地点变动,想把承租的房子转租出去,刘某可以转租吗?

解析

《民法典》第716条规定,承租人经出租人同意,可以将租赁物转租给第三人。承租人转租的,承租人与出租人之间的租赁合同继续有效;第三人造成租赁物损失的,承租人应当赔偿损失。承租人未经出租人同意转租的,出租人可以解除合同。

转租,就是指承租人在租赁期间将承租的部分或者全部再出租的行为。将承租房屋交付他人使用并获得租金性质的保底收益的,均为房屋转租。一般来说,承租的房屋不能转租。租赁合同中未约定可以转租,且出租人不同意转租的,承租人也不得擅自转租。承租人擅自转租的,出租人可以解除与承租人的租赁合同。

因此,如果合同中规定,承租人有权在租赁期间内转租,那么承租人就可以自行将房子租给别人。如果合同中对转租没有任何规定,那么承租人必须事先得到出租人的同意才可转租;否则,就是违约,要承担责任。

房屋租赁合同的变更会影响房屋转租合同,如果承租人经出租人同意转租房屋,则承租人与出租人之间的租赁合同继续有效。房屋转租期间,租赁合同发生变更,影响转租合同履行的,转租合同应当随之变更。房屋转租期间,租赁合同解除的,转租合同也应当随之解除。

房屋转租期间，承租人应当继续履行租赁合同，转租人对承租房屋造成损失的，承租人应当赔偿损失，但出租人与转租当事人另有约定的除外。

17. 福利公共租赁房屋能否转租

案例

陈某是某国企员工，该单位福利待遇很好，凡是本单位员工，都可以承租一套公共租赁房屋。于是陈某承租了一套公共租赁房屋。后来因为购买了新房，在搬去后，为了贴补房贷，他准备将这套房子出租，由于是着急出租，所以房租比市价低了20%，价格很合适。在中介的撮合下，赵某和陈某见了面洽谈租赁事宜。赵某对该房为福利房性质的公共租赁房屋有所顾虑，想知道该房是否能出租？

解析

根据《公共租赁住房管理办法》第3条第1款规定，本办法所称公共租赁住房，是指限定建设标准和租金水平，面向符合规定条件的城镇中等偏下收入住房困难家庭、新就业无房职工和在城镇稳定就业的外来务工人员出租的保障性住房。第27条规定，承租人有下列行为之一的，应当退回公共租赁住房：(1)转借、转租或者擅自调换所承租公共租赁住房的；(2)改变所承租公共租赁住房用途的；(3)破坏或者擅自装修所承租公共租赁住房，拒不恢复原状的；(4)在公共租赁住房内从事违法活动的；(5)无正当理由连续6个月以上闲置公共租赁住房的。承租人拒不退回公共租赁住房的，市、县级人民政府住房保障主管部门应当责令其限期退回；逾期不退回的，市、县级人民政府住房保障主管部门可以依法申请人民法院强制执行。第32条规定，房地产经纪机构及其经纪人员不得提供公共租赁住房出租、转租、出售等经纪业务。第36条规定，承租人有下列行为之一的,由市、县级人民政府住房保障主管部门责令按市场价格补缴从违法行为发生之日起的租金,记入公共租赁住房管理档案,处以1000元以下罚款;有违法所得的,处以违法所得3倍以下但不超过3万元的罚款:(1)转借、转租或者擅自调换所承租公共租赁住房的;(2)改变所承租公共租赁住房用途的;(3)破坏或者擅自装修所承租公共租赁住房,拒不恢复原状的;(4)在公共租赁住房内从事违法活动的;(5)无正当理由连续6个月以上闲置公共租赁住房的。有前款所列行为,承租人自退回公共租赁住房之日起5年内不得再次申请公共租赁住房;造成损失的,依法承担赔偿责任。

综上可知,本案中的公共租赁房屋是严禁转租的。

18. 房屋能否出租给外国人

案例

叶某准备出国深造,想将房子租出去,并委托好朋友郭某代为处理。郭某帮叶某物色了一位在某外企上班的外国人。叶某的房子能否出租给外国人?

解析

《出境入境管理法》第39条规定,外国人在中国境内旅馆住宿的,旅馆应当按照旅馆业治安管理的有关规定为其办理住宿登记,并向所在地公安机关报送外国人住宿登记信息。外国人在旅馆以外的其他住所居住或者住宿的,应当在入住后24小时内由本人或者留宿人,向居住地的公安机关办理登记。第79条规定,容留、藏匿非法入境、非法居留的外国人,协助非法入境、非法居留的外国人逃避检查,或者为非法居留的外国人违法提供出境入境证件的,处2000元以上10,000元以下罚款;情节严重的,处5日以上15日以下拘留,并处5000元以上20,000元以下罚款,有违法所得的，没收违法所得。

综上可知，叶某在向公安机关办理登记之后，可以将房子出租给外国人。

▶ 19. 租赁期间的房，可以随便涨房租吗

案例

杨某一直租住某小区的房屋，某日，房东突然通知杨某房租需上涨20%，否则，杨某就得搬走。但杨某认为，双方已经签订了书面的房屋租赁协议，并已就房屋租赁期限和租金明确约定在合同里，房东不能随意涨房租。杨某的主张合法吗？

解析

《商品房屋租赁管理办法》第9条第2款规定，房屋租赁合同期内，出租人不得单方面随意提高租金水平。因此，杨某的主张合法。对于租赁期限较长或未定租赁期限的房屋租赁，如果当时确定的租金金额与现在市场上普遍的租金水平相差太远，以至于对出租人显失公平，那么出租人就可以在法律政策允许的范围内，要求承租人适当地增加租金。如果承租人不同意，出租人可以向法院起诉。但是如果租赁期限较短，出租人就不能要求增加租金。

出租人应当考虑多种因素，参照政府的住房租赁指导价格确定房租。除了房租，出租人不能向承租人收取其他费用。对于长期租赁合同，如因物价上涨导致租金过低，以至于显失公平，出租人可适当增加租金。

▶ 20. 租户死亡，租赁合同是否继续有效

案例

陈某准备将房子卖掉。就在卖房的过程中，突然传来租户猝死的消

息,但双方约定的房屋租赁合同还未到期,并且租户的家人就猝死的事情正在办理相关事宜,在这个过程中,租户的家人已经搬进陈某的房屋,以解决事情为由住了下来。陈某想知道,房屋租赁协议是否继续有效?租户的家人是否能够继续住在自己的房中?

解析

首先,《民法典》第732条规定,承租人在房屋租赁期限内死亡的,与其生前共同居住的人或者共同经营人可以按照原租赁合同租赁该房屋。因此,房屋租赁期间承租人死亡的,该租赁合同仍继续有效。在本案中,虽然承租人是以一个人的名义租赁的房屋,但是如果承租人是与家人一起居住的,那么承租人死亡后,其他一起居住的人有权要求继续履行原合同。

其次,租赁合同继续有效,这是为了保护合同双方之间的期待利益,因为双方在签订租赁合同时能够预料到在约定租赁期间内履行双方义务。虽然承租人已经死亡,但是与其一起居住的家属仍然需要可以居住的地方,所以,房东只能在与承租人的租赁合同到期之后才能要求承租人的家属搬出该房屋。

最后,在承租人死亡的情况下,如果该承租人的家人并没有与他共同居住,则原租赁合同就失效了。未经出租人同意,未在一起居住的家人无权擅自搬入出租房屋。

另外,如果是出租人死亡,那么合同继续有效。在租赁期间,出租人死亡并不影响原租赁合同的效力。当出租人的继承人继承房屋时,继承人就自动成为新的产权人,双方应当继续履行合同,出租人的家人无权收回房屋。

综上,房屋租赁期间,承租人死亡,与承租人共同居住的人有权要求继续按照原租赁合同租住。如果是出租人死亡,则不影响租赁合同的效力。

▶ 21.租户不交房租，该怎么办

案例

张某将房子租给孙某，没想到孙某是无业游民，长期拖欠房租，且行踪不定。他很烦恼，该怎么办？

解析

《民法典》第722条规定，承租人无正当理由未支付或者迟延支付租金的，出租人可以请求承租人在合理期限内支付；承租人逾期不支付的，出租人可以解除合同。

首先，承租人无正当理由延迟缴付或拒绝缴付房租的，出租人可以要求承租人按照合同缴纳违约金。如果承租人未缴付房租累计达6个月之久，出租人可以收回房屋，解除合同，并要求承租人赔偿出租人因此受到的损失。如果承租人还是拒不缴付，则出租人可以请求法院强制其缴纳租金。

其次，出租人不可以留置承租人在出租房屋内的财产。只有在一方根据合同占有另一方的财产，而另一方又没有按合同约定的期限履行债务时，一方才能留置另一方的财产。出租人根据租赁合同并不能占有承租人在出租房屋内的财产，除非双方在合同中约定。《民法典》第447条第1款规定，债务人不履行到期债务，债权人可以留置已经合法占有的债务人的动产，并有权就该动产优先受偿。所以承租人的某项财产除非作为支付房租的抵押，否则，出租人就不能留置承租人的该项财产抵偿租金。

再次，如果承租人不交房租，那么出租人可以向法院起诉。出租人去法院起诉承租人，有时效限制。承租人迟延缴付房租或者拒绝缴付房租，应适用特殊诉讼时效，也就是1年。如果出租人在1年内没有向承租人催缴，也没有向法院起诉，那么1年后，法院也无法帮出租人要回租金了。

最后,为了防止承租人拖欠房租,出租人可以采取以下应急措施。虽然出租人不能留置承租人的财产,但出租人可以立即向法院提起诉讼,要求法院查封、扣押承租人的财产,也就是诉讼财产保全。如果情况紧急,出租人也可以向法院申请诉前财产保全,之后再起诉。如果承租人没有正当理由却迟延支付租金或拒不支付租金,那么出租人可以要求承租人支付违约金;如果承租人累计 6 个月没有支付房租,出租人还可以收回房屋终止合同。如果出租人还是不能收回租金,则可以请求法院强制执行。

▶ 22. 租房合同的免责格式条款,是否有效

案例

杨某经过熟人介绍,从某市近郊租了一套平房,由于是熟人,杨某也没仔细看租房合同,就签了合同,住了进去。该市夏季突遭百年难见的大雨,杨某所住的房屋被破坏,导致房屋 30% 的面积出现坍塌。现在房东拿出合同,上面的免责条款写着:该房屋正在出租期间,出现任何毁损,均应由承租人负责修缮。该免责条款有效吗?

解析

《民法典》第 703 条规定,租赁合同是出租人将租赁物交付承租人使用、收益,承租人支付租金的合同。第 704 条规定,租赁合同的内容一般包括租赁物的名称、数量、用途、租赁期限、租金及其支付期限和方式、租赁物维修等条款。

首先,房屋租赁合同可以订立免责条款。合同双方可以自行约定免除合同一方的某些责任,这是法律赋予合同当事人的自由,对方有义务遵守法律认可的免责条款。

其次,格式条款是合同一方为了重复使用而预先订好的条款,而且该条款在订立合同时没有与对方协商,因此,拟定格式条款的出租人有义务

以一种合理的方式提示承租人注意免除或者减轻其责任的条款，例如，应当在合同中用不同颜色或者黑体字来打印免责条款，或者在订约的时候向承租人说明存在这个免责条款。如果承租人要求出租人解释，出租人也有义务解释，否则该免责条款很有可能无效。

再次，对于一般的合同，如果免除了承租人应承担的责任，或者免除了出租人因为自己故意或者重大过失而给承租人造成的财产损失应承担的责任，那么这样的免责条款就无效了。对于格式条款，除了以上的两种情况以外，如果出租人免除了自己的责任，加重了承租人的责任，排除了承租人的主要权利，那么这个免责条款就无效。保证房屋不会危及承租人的安全是出租人的基本义务，如果出租人在合同中免除自己的责任，那么这个免责条款就是无效的。

最后，无效的免责条款并不影响合同其他条款的效力，所以，承租人可以向出租人说明该条款无效，要求出租人予以赔偿。如果出租人拒不赔偿，承租人有权向法院提起诉讼，或者向合同中选定的仲裁机构提起仲裁以确认该条款无效。

▶ 23. 租户不交物业费，房东有义务交吗

案例

徐某将房子出租之后，所在的小区物业通知他缴纳物业费。徐某向物业公司工作人员出示与租户签订的房屋租赁合同，上面明确载明，在房屋租赁期间，物业费由租户缴纳。而物业公司的工作人员认为，他们只跟房主收物业费，至于租赁合同上面记载的约定，跟物业公司无关。徐某该交物业费吗？

解析

《民法典》第551条规定，债务人将债务的全部或者部分转移给第三

人的,应当经债权人同意。债务人或者第三人可以催告债权人在合理期限内予以同意,债权人未作表示的,视为不同意。所以,由承租人向物业公司缴纳物业费的约定,必须得到物业公司确认。如果出租人和承租人的约定没有得到物业公司的书面确认,那么该约定只能对出租人和承租人有约束力,而对物业公司不发生效力,出租人必须对物业公司承担责任。

如果出租人已将租赁合同交给物业公司备案,并取得物业公司的书面确认,那么出租人就可以拒绝支付承租人未支付的物业费。当然,为了以后顺利地继续出租房屋,出租人也可以先缴纳,再向承租人追缴,并要求其承担违约责任。承租人不缴付物业费,出租人应当要求对方在一定期限内履行;如果承租人仍不履行,出租人可以中止租赁合同并通知对方,以承租人支付的预付租金和保证金支付欠缴的物业费。

第二篇
物　　业

▶ 1. 楼下小卖部太吵了，怎么办

案例

一老旧小区的一楼忽然热闹了起来，一群人敲敲打打，车来车往，原来一楼的张某把阳台扩张出去一部分，改装成一家小卖部，还设置了楼梯。居民经常在小卖部买东西，晚上还有人在门口摆几个小桌子吃瓜子、喝啤酒、聊天。楼上的住户深受影响，除了噪声，还有很多安全隐患。张某可以擅自在小区里开设小卖部吗？

解析

《民法典》第279条规定，业主不得违反法律、法规以及管理规约，将住宅改变为经营性用房。业主将住宅改变为经营性用房的，除遵守法律、法规以及管理规约外，应当经有利害关系的业主一致同意。

本案中，张某不可以擅自开小卖部，其装修阳台，擅自拆窗改门、搭建楼梯的行为，超越了自己专有部分所有权的范围，侵占了该小区建筑物的共有部分，侵害了其他业主的合法权益，妨害了正常的物业管理秩序，张某应当承担恢复原状的法律责任。

▶ 2. 物业管理人员有权禁止孩子在小区院子里玩耍吗

案例

李某夫妇在一个小区买了一套住房，该房子类似公寓住房，楼内住户很多，楼道也很长。楼房有好几个院子，物业管理人员在其中一个院子的西边修建了一座彩钢房，小区东边出口也设置了一道门。这个院子相对较安静和隐蔽，车辆也少。平时物业管理人员的车辆就停在这个院子里。李某的孩子3岁，总喜欢在这个院子里玩耍。有一次，一名物业管理人员看见孩子在院子里跑来跑去，就去制止。他表示，这个院子禁止小孩子玩

耍,以免碰到他的车子。李某很不解,这个院子是小区的院子,又不是物业管理人员个人的院子,小孩子怎么就不能玩呢?物业占了大家的院子怎么就没人管呢?后来听说很多家长都遇到这个问题。物业管理人员是否有权禁止孩子在小区院子里玩耍?

解析

《民法典》第274条规定,建筑区划内的道路,属于业主共有,但是属于城镇公共道路的除外。建筑区划内的绿地,属于业主共有,但是属于城镇公共绿地或者明示属于个人的除外。建筑区划内的其他公共场所、公用设施和物业服务用房,属于业主共有。因此,小区内的道路、花园及其他公共场所属于小区的共有部分,全体业主共同享有所有权。业主的家属在小区里面玩耍,属于业主行使物权人权利的一种方式,物业管理人员无权干涉李某的孩子在小区内玩耍。物业公司是受聘于全体业主的服务者,应当为业主提供优质服务,动不动就对业主指手画脚,禁止业主及其家属在小区内自由活动,不仅不合理,也是违反法律规定的。

3. 业主可以共同决定小区的哪些事项

案例

陈某购买了某小区的二手房,过户和贷款都顺利办下来之后,如愿以偿地搬进了新家。待陈某搬进小区才发现,小区的物业管理很差,陈某想通过业主委员会解聘这家不负责任的物业管理公司。但业主委员会给出的答复是,他们无权解聘物业管理公司。业主委员会是否有权解聘物业管理公司?

解析

《民法典》第278条规定,下列事项由业主共同决定:(1)制定和修改业主大会议事规则;(2)制定和修改管理规约;(3)选举业主委员会或者更换业主委员会成员;(4)选聘和解聘物业服务企业或者其他管理人;(5)使用建筑物及其附属设施的维修资金;(6)筹集建筑物及其附属设施的维修资金;(7)改建、重建建筑物及其附属设施;(8)改变共有部分的用途或者利用共有部分从事经营活动;(9)有关共有和共同管理权利的其他重大事项。业主共同决定事项,应当由专有部分面积占比 2/3 以上的业主且人数占比 2/3 以上的业主参与表决。决定前款第 6 项至第 8 项规定的事项,应当经参与表决专有部分面积 3/4 以上的业主且参与表决人数 3/4 以上的业主同意。决定前款其他事项,应当经参与表决专有部分面积过半数的业主且参与表决人数过半数的业主同意。

据此可知,解聘物业管理公司,只能由全体业主共同决定。对于业主共同决定的事项,在实践中,多是小区内涉及业主共同利益的重大事项以及有关共有和共同管理权利的其他重大事项,比如,制定物业服务内容、筹集和使用小区内的专项维修资金、物业费的收取方案等。另外,由于业主在生活中所面临的问题复杂多变,法律难以预见所有业主在自治管理过程中可能出现的新问题,且很难将业主的权利列举得周全。因此,为了方便业主处理新出现的重大问题,对业主共同决定的重大事项采用列举外加概括兜底规定的方法,是非常有必要的;只有这样,才能使小区内的业主在面对新出现的问题、行使相关权利之时有据可循。

4. 物业是否有权关停业主的水电

案例

吴某买了套期房,经过半年的等待,吴某终于拿到了房屋钥匙,喜迁新居。但令吴某没想到的是,房子的质量太差,还没居住,就看到很多地方有很长很深的裂缝。这让吴某非常生气,在与开发商交涉无果的情况下,吴某拒绝向开发商支付剩余房款。由于该小区的物业公司由开发商聘用,开发商见吴某迟迟不肯支付尾款,便通知物业公司,关停吴某的水电。这让吴某根本无法在房子里生活。物业公司有权这么做吗?

解析

根据《物业管理条例》第2条的规定,物业管理,是指业主通过选聘物业服务企业,由业主和物业服务企业按照物业服务合同约定,对房屋及配套的设施设备和相关场地进行维修、养护、管理,维护物业管理区域内的环境卫生和相关秩序的活动。

本案中,吴某和开发商之间是房屋买卖法律关系,而作为业主的吴某与物业管理公司之间又属于物业服务关系,这两种法律关系是各自独立的法律关系。虽然吴某欠缴房屋尾款,但只要吴某交足了物业费,履行了物业服务合同中的义务,那么物业公司就不能侵害业主的合法权益。据此可知,本案中物业公司擅自对吴某采取停电、停水的措施,是没有法律根据的。

5. 如何成立业主大会

案例

张某所居住小区的物业公司以人手不够为由,拒绝为居民配备巡逻保安。居民们还发现,物业公司为了节省成本,每天将居民的生活垃圾在小区内进行焚烧。这导致小区的环境十分恶劣。因为安全、环境卫生等问题,居民们没少找物业公司沟通,但基本没什么效果。这让居民们意识到,必须成立属于自己的业主大会,如此,才能让这家物业公司有危机感,更好地维护自己的权益。

解析

《物业管理条例》第10条规定,同一个物业管理区域内的业主,应当在物业所在地的区、县人民政府房地产行政主管部门或者街道办事处、乡镇人民政府的指导下成立业主大会，并选举产生业主委员会。但是，只有一名业主的，或者业主人数较少且经全体业主一致同意，决定不成立业主大会的，由业主共同履行业主大会、业主委员会职责。另根据《业主大会和业主委员会指导规则》第 8 条至第 10 条、第 15 条的规定，物业管理区域内，已交付的专有部分面积超过建筑物总面积 50% 时，建设单位应当按照物业所在地的区、县房地产行政主管部门或者街道办事处、乡镇人民政府的要求，及时报送下列筹备首次业主大会会议所需的文件资料：(1)物业管理区域证明；(2)房屋及建筑物面积清册；(3)业主名册；(4)建筑规划总平面图；(5)交付使用共用设施设备的证明；(6)物业服务用房配置证明；(7)其他有关的文件资料。符合成立业主大会条件的，区、县房地产行政主管部门或者街道办事处、乡镇人民政府应当在收到业主提出筹备业主大会书面申请后 60 日内，负责组织、指导成立首次业主大会会议筹备组。首次业主大会会议筹备组由业主代表、建设单位代表、街道办事处代表、乡镇人民政府代表和居民委员会代表组成。筹备组成员人数应为单数，其中业主代表人数不低于筹备组总人数的一半，筹备组组长由街道办事处、乡镇人民政府代表担任。筹备组应当自组成之日起 90 日内完成筹备工作，组织召开首次业主大会会议。业主大会自首次业主大会会议表决通过管理规约、业主大会议事规则，并选举产生业主委员会之日起成立。

本案中，张某等居民应严格按照上述程序，尽快组建业主大会，维护自己的合法权益。

6. 如何解聘物业公司

案例

陈某因小区车位问题，经常跟物业公司发生摩擦。原来，由于该小区的面积有限,本来就不大的一块地,却被小区物业公司私自上了地锁,还以各种理由禁止小区居民在院子里活动。另外,这家物业公司仗着有开发商做靠山,平时也没少“欺负”小区居民。很多小区居民都赞成解聘这家物业公司。但到底通过什么样的程序解聘物业公司,陈某他们也没有什么头绪。

解析

根据《民法典》第 278 条的规定,选聘和解聘物业服务企业的,应当由专有部分面积占比 2/3 以上的业主且人数占比 2/3 以上的业主参与表决,应当经参与表决专有部分面积过半数的业主且参与表决人数过半数的业主同意。

本案中,解聘物业公司属于通过业主大会作出的一般决议,因此,只要由专有部分面积占比 2/3 以上的业主且人数占比 2/3 以上的业主参与表决,经参与表决专有部分面积过半数的业主且参与表决人数过半数的业主同意,即可作出解聘物业公司的决议。

7. 业主委员会可以起诉业主吗

案例

某新小区通过法定程序组建了自己的业主大会和业主委员会,由于该小区还未聘请物业公司,小区的卫生、安全事项暂时无人负责。为了解决这个问题,该小区的业主委员会决定在聘请到合适的物业公司之前,自行代管小区的卫生、安全等物业管理事项。经过商讨,由业主委员会的委员王某负责向小区业主收取物业服务费用。两个月后,该小区的业主委员会通过招标,选聘了一家物业公司。业主委员会要求王某移交之前收取的物业费以及收据等相关材料,但王某以各种理由拒绝。事后经过调查得知,王某自己注册了一家物业公司。经过多次协商无果之后,小区的业主委员会准备就此事起诉王某。

解析

2005年8月15日最高人民法院《关于春雨花园业主委员会是否具有民事诉讼主体资格的复函》(〔2005〕民立他字第8号)中指出,根据《物业管理条例》的规定,业主委员会是业主大会的执行机构,根据业主大会的授权对外代表业主进行民事活动,所产生的法律后果由全体业主承担。业主委员会与他人发生民事争议的,可以作为被告参加诉讼。

本案中,只要该小区的业主大会授权,业主委员会便可以原告的资格起诉王某。

业主委员会,是在小区物业管理活动中长期存在的,代表所有业主行使业主自治管理权的机构,是所有业主进行自我管理、自我约束、自我教育、自我服务等业主集体事务的民主机构,集中办理本小区内涉及物业管理的公共事务的社会性公益自治组织。从其性质上来讲,业主委员会是一个非法人组织,是业主大会的执行机构,由业主大会选举成立,集中领导业主自治权限范围内的物业管理等各项工作,但必须对业主大会负责并报告工作。基于此,业主委员会必须接受业主大会的领导和监督,处于从属于业主大会的法律地位。业主委员会代表所有业主参与诉讼,除非有法律明确规定,一般需要得到业主大会或者全体业主的授权,诉讼结果也将直接约束所有业主。

▶ 8. 业主委员会如何召开会议

案例

何某家住某小区,按照合同约定,全额缴纳了当年的物业费和供暖费。冬天,由于家里暖气不热,何某联系物业来维修,物业告知何某应当联系供暖公司来维修。但供暖公司查询何某相关信息时,却告知何某一个震惊的消息:何某已经好几年没交过供暖费。这使何某很气愤,自己每年按时将物业费和供暖费交到物业公司,但物业公司竟然私自截留自己的供暖费,导致自己无法正常使用暖气。由于何某本身也是业主委员会的一员,他决定将此事在业主委员会会议上讨个说法。但他并不清楚该如何召开业主委员会会议。

解析

根据住建部《业主大会和业主委员会指导规则》第 37 ~ 39 条的规定,业主委员会应当按照业主大会议事规则的规定及业主大会的决定召开会议。经 1/3 以上业主委员会委员的提议,应当在 7 日内召开业主委员会会议。业主委员会会议由主任召集和主持,主任因故不能履行职责,可以委托副主任召集。业主委员会会议应有过半数的委员出席,作出的决定必须经全体委员半数以上同意。业主委员会委员不能委托代理人参加会议。业主委员会应当于会议召开 7 日前,在物业管理区域内公告业主委员会会议的内容和议程,听取业主的意见和建议。业主委员会会议应当制作书面记录并存档,业主委员会会议作出的决定,应当有参会委员的签字确认,并自作出决定之日起 3 日内在物业管理区域内公告。

9. 业主委员会有哪些职责

案例

江某是一位畅销书作家,居住在某小区,很多读者经常在小区的门口向他索要签名。由于外界太多的干扰直接影响了江某的创作,因此,江某要求业主委员会为他解决这个问题,不要随便让人进出小区。业主委员会主任李某认为,不能为江某一人,在小区里面乱立规矩,因此对江某的要求并未予以理会。江某认为,业主委员会的答复就是不作为。业主委员会有哪些职责?

解析

根据住建部《业主大会和业主委员会指导规则》第35条的规定,业主委员会应当履行以下职责:(1)执行业主大会的决定和决议;(2)召集业主大会会议,报告物业管理实施情况;(3)与业主大会选聘的物业服务企业签订物业服务合同;(4)及时了解业主、物业使用人的意见和建议,监督和协助物业服务企业履行物业服务合同;(5)监督管理规约的实施;(6)督促业主交纳物业服务费及其他相关费用;(7)组织和监督专项维修资金的筹集和使用;(8)调解业主之间因物业使用、维护和管理产生的纠纷;(9)业主大会赋予的其他职责。

据此可知,该小区的业主委员会应当及时了解业主的意见和建议,而不是置之不理。

▶ 10. 临时管理规约中,开发商负有什么义务

案例

某小区的开发商在向业主们交房的时候,与业主签订了一纸协议,上面载明的是临时管理规约的内容,涉及如何聘请物业公司、业主应当遵守何种义务等内容。许多业主认为,这是开发商单方面制定的协议,自己这样贸然就与开发商签订临时管理规约,将来一旦出现问题,自己肯定处于不利的地位。临时管理规约中,开发商负有什么义务?

解析

《物业管理条例》第22条、第23条规定:建设单位应当在销售物业之前,制定临时管理规约,对有关物业的使用、维护、管理,业主的共同利益,业主应当履行的义务,违反临时管理规约应当承担的责任等事项依法作出约定。建设单位制定的临时管理规约,不得侵害物业买受人的合法权益。建设单位应当在物业销售前将临时管理规约向物业买受人明示,并

予以说明。

具体来说,本案中的开发商负有以下义务:

(1)应当将临时管理规约向小区房屋的买受人也就是业主进行明示,告知临时管理规约的内容。

(2)应当向小区业主明确解释临时管理规约的具体内容。具体内容主要包括对小区物业的使用、管理、维护,业主的共同利益,业主应当履行的义务以及违约责任等。该管理规约不仅制定了小区物业如何使用和管理的规则,还确认了业主拥有正当使用物业共有部分、共用设施的权利。

据此可知,开发商与该小区业主签订临时管理规约之时,应当明确告知协议的内容,并对业主不了解、不清楚的内容,予以解释和说明。

▶ 11. 开发商能否将公共绿地改造成停车场对外出租

案例

某小区绿化率非常高,所以住宅的销量很好,等到交房的那一天,业主们都迫不及待地搬进该小区,享受"城市森林"的舒适感。但好景不长,开发商打着方便居民生活的旗号,将小区内1/3的绿化区改造成停车场,对外出租,给小区居民带来安全隐患,并降低了小区的环境品质。开发商的这种举动让该小区的居民非常不满意,而开发商表示,小区内的绿化都是开发商的,怎么变动都与业主无关。开发商有权这样做吗?

解析

根据《物业管理条例》第27条以及《民法典》第274条的规定,建筑区划内的道路,属于业主共有,但是属于城镇公共道路的除外。建筑区划内的绿地,属于业主共有,但是属于城镇公共绿地或者明示属于个人的除外。建筑区划内的其他公共场所、公用设施和物业服务用房,属于业主共有。

本案中,开发商的说法毫无根据,其无权处分属于业主共有的绿化区域。

12. 业主可否要求物业公司对物业设施进行验收

案例

某小区居民发现小区物业公司在交接物业设施时,根本没有对小区的物业设施进行验收。为此,居民们向物业公司提出建议,但物业公司给出的答复却是,该小区的开发商非常知名,口碑很好,其物业设施无须验收。这种答复,还是不能令部分业主满意。物业公司未验收的做法是否正确?

解析

《物业管理条例》第28条规定:“物业服务企业承接物业时,应当对物业共用部位、共用设施设备进行查验。”据此可知,物业公司对共用设施设备、部位进行验收完全是法定责任,物业公司未验收的做法是错误且违法的。为什么要进行验收呢?因为通过验收程序,可以发现物业设施的质量问题;一旦发现问题,还可以及时进行修理和整改。尤其是在楼房竣工后,业主还未入户的时候,进行验收,还能够发现房屋的质量问题,由开发商进行返修。这样便能够有效地防止将来可能会发生的物业设施质量纠纷,同时物业公司还可以根据验收记录,制定有针对性的物业管理和维护策略。

13. 开发商要承担哪些保修责任

案例

王某购买了某小区的顶层住宅,在刚刚入住3个月后,正好赶上雨季,楼顶大面积漏雨。这让王某很生气,自己刚刚到手的新楼,就漏雨了,这楼盘的质量可见一斑。更令王某生气的事情,发生在他找开发商理论时,开发商竟然说:“我们已经按照合同约定向业主交了房子,出现问题是业主的事,与我们无关。”王某该如何维权?

解析

《物业管理条例》第31条规定:“建设单位应当按照国家规定的保修期限和保修范围,承担物业的保修责任。”《建设工程质量管理条例》第3条规定:“建设单位、勘察单位、设计单位、施工单位、工程监理单位依法对建设工程质量负责。”

本案中,由于王某与开发商签订的是房屋买卖合同,因此该房屋的首要保修责任应当由开发商承担,具体来说,包括以下两个方面:

(1)住宅在建设中存在的质量问题。房屋的质量问题在竣工验收时可能未被发现,但在业主使用过程中就有可能暴露出来,如屋顶漏水、墙体漏水、墙皮脱落、地面开裂、空鼓、起砂、管道漏水和堵塞等质量问题。因此,开发商在一定期限内负有质保责任。

(2)如果质量问题是因为勘察单位、设计单位、工程监理单位等负有法定责任的单位的原因造成的,可以要求上述单位承担法律责任。当然,如果是业主自己违反住宅说明书的规定,使用不当,如在装修过程中擅自更改房屋结构造成的质量问题,只能由业主自己来承担,开发商不承担质保责任。

▶ 14. 房屋的保修期限和范围具体是如何规定的

案例

某小区回迁户的回迁房质量问题很严重,有的业主家是地面开裂,有的业主家是墙体开裂,有的业主家则是水管有问题。房屋质量问题千奇百怪,很多业主都不敢继续住在自己的房子里。法律对房屋的保修事宜有哪些规定?

解析

根据《商品房销售管理办法》第 33 条的规定,房地产开发企业应当对所售商品房承担质量保修责任。当事人应当在合同中就保修范围、保修期限、保修责任等内容做出约定。保修期从交付之日起计算。商品住宅的保修期限不得低于建设工程承包单位向建设单位出具的质量保修书约定保修期的存续期;存续期少于《商品住宅实行质量保证书和住宅使用说明书制度的规定》(以下简称《规定》)中确定的最低保修期限的,保修期不得低于《规定》中确定的最低保修期限。非住宅商品房的保修期限不得低于建设工程承包单位向建设单位出具的质量保修书约定保修期的存续期。在保修期限内发生的属于保修范围的质量问题,房地产开发企业应当履行保修义务,并对造成的损失承担赔偿责任。因不可抗力或者使用不当造成的损坏,房地产开发企业不承担责任。

《建设工程质量管理条例》第 40 条、第 41 条规定:在正常使用条件下,建设工程的最低保修期限为:(1)基础设施工程、房屋建筑的地基基础工程和主体结构工程,为设计文件规定的该工程的合理使用年限;(2)屋面防水工程、有防水要求的卫生间、房间和外墙面的防渗漏,为 5 年;(3)供热与供冷系统,为两个采暖期、供冷期;(4)电气管线、给排水管道、设备安装和装修工程,为 2 年。其他项目的保修期限由发包方与承包方约定。建设工程的保修期,自竣工验收合格之日起计算。建设工程在保修范围和保修期限内发生质量问题的,施工单位应当履行保修义务,并对造成的损失承担赔偿责任。

▶ 15. 物业服务合同有哪些内容

案例

某小区的业主大会正在进行物业公司选聘活动,很多业主都建议在选聘物业公司的时候,一定要多看看,多了解每家物业公司提供的服务内容。有业主认为,即使物业公司给业主看了具体项目,业主也没这方面的经验,还是应该找个懂行的人了解清楚。物业服务合同有哪些内容?

解析

根据《物业管理条例》第34条的规定,物业服务合同应当对物业管理事项、服务质量、服务费用、双方的权利义务、专项维修资金的管理与使用、物业管理用房、合同期限、违约责任等内容进行约定。而物业公司提供的服务具体包括如下内容:物业共用部位和共用设备的管理、维护、更新,如小区内的公共道路的定期保养,小区住宅楼里面的电梯、停车位以及机电设备的定期维护与管理等;小区内公共设施的使用、管理、维修、更新,如小区内的文体设施的保养和维护;公共环境卫生方面的服务,如对小区公共场所进行的绿化;治安防范服务,如对小区消防隐患的检测和排除、小区大门的进出管理等。

▶ 16. 物业服务合同的违约责任有哪些类型

案例

某小区物业公司在安全管理上存在很大漏洞,不仅没有配备保安巡逻,而且监控系统损坏后也不修复,小区内入户盗窃频发,甚至有物业工作人员与小偷勾结的情况。业主们多次向物业公司反映,却得不到满意结果。该物业公司对失窃的业主是否应承担违约责任?

解析

《物业管理条例》第35条规定："物业服务企业应当按照物业服务合同的约定，提供相应的服务。物业服务企业未能履行物业服务合同的约定，导致业主人身、财产安全受到损害的，应当依法承担相应的法律责任。"

本案中，物业公司未在小区内设置合理的安保措施，在其安保系统形同虚设的情形下，物业内部工作人员勾结社会闲散人员盗窃小区业主财产，造成业主财产损失，理应承担违约责任。具体而言，物业服务合同的违约责任包括以下情形：

(1)拒绝履行物业服务合同，指的是物业服务合同当事人能够履行该合同义务而明确表示拒绝履行的情形。

(2)履行不能物业服务合同，指的是物业服务合同当事人虽然想履行物业服务合同所载义务，但是并没有合同履行能力的情形。

(3)迟延履行物业服务合同，指的是物业服务合同明确所载的债务已经到履行期限，但该合同义务方当时能够履行却没有履行合同所载义务的情形。

(4)不完全履行物业服务合同，指的是瑕疵履行物业服务合同和加害履行物业服务合同的情形。前者指合同当事人虽然履行了物业服务合同，但是合同履行的内容不符合物业服务合同约定的情形；后者指合同当事人一方的履约行为本身不符合该合同的约定，还给对方当事人造成加害损害的情形。

(5)预期违约物业服务合同，指的是物业服务合同的当事人一方在合同所载的履行期限到来之前，以明示或者默示的方法充分表示合同到期之时将不履行合同义务的情形。

17. 物业公司如何承担违约责任

案例

冯某所居住小区的电梯老化,经常出现故障。后小区业主集体集资将住宅的电梯更换成最新型号的电梯。物业公司的电梯检修员在例行检修的过程中,因操作失误,致使电梯从18层直接坠落到1层,所幸当时电梯内无人乘坐,但电梯严重毁损。后经过调查发现,该电梯检修员并无相关资质,属于违规操作。冯某等集资购买电梯的业主可否追究物业公司的违约责任?

解析

根据《民法典》第577条的相关规定,物业公司应承担如下违约责任:

(1)继续履行。此种承担方式应当是在违约一方仍然能够履行其义务时才能适用,若违约的一方已然不能履行物业服务合同所载合同义务,则不能继续要求实际履行,而只能采取其他的违约责任承担方式。

(2)支付违约金。此种方式以物业服务合同当事人在合同中有违约金的约定为前提条件,如果合同中并没有关于违约金的约定,则不能主张该种责任承担方式。此外,如果违约金在合同中的约定过高或者过低,对于前者,当事人可以请求人民法院予以适当减少;对于后者,当事人可以请求人民法院予以适当增加。

(3)损害赔偿。在违约责任的承担方式方面,损害赔偿的适用是最普遍的,承担此种责任方式需要具备3个条件:存在违约行为,存在受到损失的情形,违约行为和受到的损失之间存在因果关系。

(4)其他方式。本案中,物业公司指派员工对电梯进行检测,由于该工作人员并无相关资质,存在违法检测和操作的行为,致使业主集资购买的电梯出现坠毁的损害，损害后果与违约行为之间存在因果关系。因此，物业公司理应承担违约责任对住宅毁损的电梯进行损害赔偿，为该住宅重新安装电梯。

▶ 18. 新旧物业公司如何交接

案例

某小区在刚建立的时候，由开发商选聘了一家物业公司，但该物业公司提供的服务令大多数业主不满意。经过业主大会决定，该小区通过招标投标的方式选聘了一家新的物业公司。但旧物业公司仗着自己是开发商选聘的，赖着不走，而新选聘的物业公司由于无法办理交接手续，无法正常办公。新旧物业公司该如何交接？

解析

根据《物业管理条例》第33条以及最高人民法院《关于审理物业服务纠纷案件具体应用法律若干问题的解释》第10条的规定，一个物业管理区域由一个物业服务企业实施物业管理。每个物业管理区域中物业服务企业具有唯一性。物业服务合同的权利义务终止后，业主委员会请求物业服务企业退出物业服务区域、移交物业服务用房和相关设施，以及物业服务所必需的相关资料和由其代管的专项维修资金的，人民法院应予支持。物业服务企业拒绝退出、移交，并以存在事实上的物业服务关系为由，请求业主支付物业服务合同权利义务终止后的物业费的，人民法院不予支持。

本案中，旧物业公司有义务退出该小区，并协助办理交接手续，而业主也可以以拒缴物业服务费的形式，迫使旧物业公司撤离该小区。

▶ 19. 物业费是如何定价的

案例

某小区的业主们最近准备委托物业公司来给自己提供卫生、保安等服务。他们非常关注物业费的定价收费问题。有的业主说:“那些收费价格高昂的物业公司咱们就别找了,我可负担不起。”有的业主则说:“物业费收费高点也不是不能接受,但就怕收费高,服务质量低啊。”物业费应该如何定价呢?

解析

根据《物业服务收费管理办法》第6条及第7条的规定,物业费的定价方式包括两种类型,即政府指导价和市场调节价。

(1)政府指导价,指的是政府价格主管部门会同房地产行政主管部门根据物业服务等级标准等因素,制定相应的基础价及其浮动幅度,并定期对外公布定价方法。政府定价主要适用于普通住宅的物业服务收费。但在这个过程中,应当充分听取物业服务企业、业主和使用人的意见,兼顾物业公司的发展需要与小区业主和使用人的经济承受能力。此外,在具体执行政府定价的时候,由业主和物业服务企业根据规定的基准价和浮动范围在物业服务合同中进行约定。

(2)市场调节价,指的是物业服务费的收费标准由业主和物业服务企业通过友好协商的方式进行确定,最终体现在物业服务合同中的定价方式。随着人民群众生活水平的不断提高以及物业服务市场的不断发展和完善,这种收费方式已经逐渐成为物业服务收费的主要定价方式。

20. 物业公司能否对业主收取装修管理费

案例

吴某购置了一套二手房,在准备装修的时候,装修工人告诉吴某他们的装修材料被小区门口的保安扣下了。吴某找到保安理论,小区的物业公司却要求他缴纳3000元装修管理费;否则,就不让他装修。物业公司有权这样做吗?

解析

根据《物业服务收费管理办法》第5条及第7条的规定,物业服务收费应当遵循合理、公开以及费用与服务水平相适应的原则,区分不同物业的性质和特点,由业主和物业服务企业按照国务院价格主管部门会同国务院建设行政主管部门制定的物业服务收费办法,在物业服务合同中约定。根据《物业管理条例》第52条的规定,业主需要装饰装修房屋的,应当事先告知物业服务企业。物业服务企业应当将房屋装饰装修中的禁止行为和注意事项告知业主。

综上可知,物业公司无权这样做。本案中,根据上述两条规定,业主吴某装修,仅告知物业公司即可,并未附加业主有支付装修管理费等相关费用的义务。此外,如果物业公司硬性规定必须支付3000元,才可以装修,甚至向吴某出具了相关价格文件,那么吴某此时可以向物价部门、房管局物业处等行政部门投诉。

21. 物业代收水费和电费,可以收取代收费用吗

案例

杨某一家人在某小区购买了一套二手房,在与前房主办理交接手续的时候,小区物业的人告诉杨某,本小区的水费和电费都是由物业的人上

门收取。不料在交纳物业费的时候,杨某发现多出120元钱。收费项目其中有一栏则写着:水费、电费代收服务费,每月10元。钱虽然不多,但物业公司并未事先告知杨某,杨某是否有权拒绝交纳这笔每月10元的代收服务费?

解析

根据《物业管理条例》第44条的规定,物业管理区域内,供水、供电、供气、供热、通信、有线电视等单位应当向最终用户收取有关费用。物业服务企业接受委托代收前款费用的,不得向业主收取手续费等额外费用。

据此可知,本案中的物业公司以每月10元的价格向业主收取代收费用,没有法律根据,业主杨某当然可以拒绝。

22. 物业公司有权对业主进行罚款吗

案例

关某购置一套二手房,在装修结束时,该小区内的物业公司突然在他家门上贴了一张罚款通知:按照小区物业服务合同的约定,业主装修必须向物业公司进行登记,违反此规定的,将按照每平方米100元计算罚款。而关某的房子是75平方米的两居室,这意味着关某将被物业公司罚款7500元。这让关某既惊讶又气愤:物业公司有什么权力对自己罚款?

解析

根据《物业管理条例》第45条的规定,对物业管理区域内违反有关治安、环保、物业装饰装修和使用等方面法律、法规规定的行为,物业服务企业应当制止,并及时向有关行政管理部门报告。有关行政管理部门在接到物业服务企业的报告后,应当依法对违法行为予以制止或者依法处理。

据此可知，如果关某的装修行为存在违法行为，那么物业公司可以出面制止或者向有关行政部门进行报告。但是，物业公司属于企业法人，并没有行政处罚权；其向业主关某下达罚款通知书的行为是违法且无效的，业主关某有权予以拒绝。

▶ 23. 精神病患者进入小区将人打伤，物业公司是否需要承担责任

案例

余某某天下班回家，刚进小区就被一名男子用砖块打伤，随后小区内的其他业主拨打“120”将余某送往医院急救。余某共花去治疗费用3万元。经过警方的调查，该名打人男子患有精神疾病，且并非本小区业主。在该男子进出小区的时候，小区看门的保安均未对其进行询问和登记。该小区物业服务合同载明，本小区采用刷卡门禁制度，进入本小区必须刷卡，陌生人来访需进行登记和询问。但案发之时，小区门禁已经损坏多年，任何人都可以随意进出。余某可否要求物业公司赔偿自己的医疗费、误工费等费用？

解析

根据《物业管理条例》第46条的规定，物业服务企业应当协助做好物业管理区域内的安全防范工作。发生安全事故时，物业服务企业在采取应急措施的同时，应当及时向有关行政管理部门报告，协助做好救助工作。物业服务企业雇请保安人员的，应当遵守国家有关规定。保安人员在维护物业管理区域内的公共秩序时，应当履行职责，不得侵害公民的合法权益。

本案中，该小区的物业公司应当对业主的人身安全尽到保障义务，虽然加害人是精神病患者，但正是由于小区物业安保措施不到位，陌生人进

出无登记、门禁设备失灵,才导致业主余某被精神病患者打伤。现在业主余某要求物业公司赔偿,物业公司应当在安保义务过错范围内,承担相应的补充赔偿责任。

24. 物业公司尽到了安保义务,是否还要承担责任

案例

陈某在某小区购买了一套二手房之后,在办理交接手续时与该小区的物业公司签订了物业服务合同。合同对安保内容作了如下约定:作为物业公司的乙方,为陈某所在的小区提供24小时门卫,并在小区各单元楼和主要道路设置电子监控。同时,合同对免责内容作了如下约定:第三人造成作为甲方的陈某人身、财产损害的,乙方不承担责任。陈某平日里酷爱运动,购买了一辆价值万元的进口公路自行车,在一次运动过后,便随手将自行车停在自家所在单元楼下。几分钟后,陈某发现这辆进口公路自行车被盗。事后经过警方调查,小区安保措施运行正常,调取的监控录像显示,该车辆为进出该小区的送快餐的男子所盗取,案件正在侦破中。陈某要求物业公司承担被盗自行车的损失1万元。而物业公司则主张,自己已经尽到了安全保障义务,因此拒绝承担赔偿责任。

解析

根据我国法律规定,双方所签订的物业服务合同属于真实意思表示,是真实有效的合同。按照合同约定,物业公司负责小区的安保义务,主要措施是设置24小时门卫和电子监控。本案中,陈某的进口自行车被盗,通过警方的调查得知,物业公司已尽到安全保障义务,且双方在合同中已经就第三人侵害财产事由,进行了免责约定。据此可知,物业公司在陈某进口公路自行车被盗一案中,不存在故意或者重大过失,因此,该物业公司不需要对陈某的财产被盗损失承担赔偿责任。

25. 物业公司的人可以随意在小区内挖沟吗

案例

某通信公司最近正在改造升级光纤线路,需要各个小区物业公司配合。某小区的物业公司,在未告知业主委员会的情况下,擅自在小区内挖了一米多深的沟,用于铺设光纤电缆,附近既未设置警示标志,也未有专人看管。一日,该小区的小朋友李某在玩耍的时候,不小心掉入沟中,身体多处受伤,共花去医疗费1万元。小朋友的家长可否要求物业公司赔偿治疗费用?

解析

根据《物业管理条例》第50条的规定,业主、物业服务企业不得擅自占用、挖掘物业管理区域内的道路、场地,损害业主的共同利益。因维修物业或者公共利益,业主确需临时占用、挖掘道路、场地的,应当征得业主委员会和物业服务企业的同意;物业服务企业确需临时占用、挖掘道路、场地的,应当征得业主委员会的同意。业主、物业服务企业应当将临时占用、挖掘的道路、场地,在约定期限内恢复原状。

据此可知,本案中的物业公司未经业主委员会同意,擅自在小区公共通道上面挖沟,且未设置警示标志,无专人看管,造成小朋友身体伤害,应当赔偿相关治疗费用。但需要注意的是,小朋友的家长本身也负有监护义务,因此,应当减轻物业公司一部分的赔偿责任。

26. 住宅在顶层,屋顶漏雨,是否可以申请专项维修资金

案例

王某的住宅在顶层,下雨时漏水严重。王某知道该小区有专门用于维修业主屋顶的专项维修资金,就向物业申请维修。但物业的人拒绝了

王某的要求,给出的理由是,虽然该房子以前的房主交过维修资金,但王某在买房之时,并没有交纳这笔费用,所以只能自己出钱维修。王某是否有权申请专项维修资金?

解析

根据《民法典》第273条的规定,业主对建筑物专有部分以外的共有部分,享有权利,承担义务;不得以放弃权利为由不履行义务。业主转让建筑物内的住宅、经营性用房,其对共有部分享有的共有和共同管理的权利一并转让。

据此可知,该房子以前的房主,已经交纳了维修资金,这部分资金在将房屋转让给王某之时,关于维修资金的权益一并转让给王某,所以物业公司的理由不成立,其应当为王某修理屋顶支付专项维修资金。

27. 居民是否有义务遵守垃圾分类的规定

案例

陈某,平时喜欢打游戏、吃外卖,在邻居眼里,是个另类的业主。但在陈某心中,这才是当代人应有的生活状态,他所在的公司,要求“九九六”的工作时间,根本没时间自己做饭吃,难得的碎片时间,除了打游戏,可不就是吃外卖!最近,该社区根据政府的要求,落实了垃圾分类制度,要求各业主遵守相关规定。可陈某却质疑,连扔个垃圾都这么费劲,有必要吗?

解析

《民法典》第286条规定,业主应当遵守法律、法规以及管理规约,相关行为应当符合节约资源、保护生态环境的要求。对于物业服务企业或者其他管理人执行政府依法实施的应急处置措施和其他管理措施,业主应当依法予以配合。业主大会或者业主委员会,对任意弃置垃圾、排放污染物或者噪声、违反规定饲养动物、违章搭建、侵占通道、拒付物业费等损害他人合法权益的行为,有权依照法律、法规以及管理规约,请求行为人停止侵害、排除妨碍、消除危险、恢复原状、赔偿损失。业主或者其他行为人拒不履行相关义务的,有关当事人可以向有关行政主管部门报告或者投诉,有关行政主管部门应当依法处理。

本案中,无论是从法律角度出发,还是从环境保护出发,小区业主都应当在垃圾分类上遵守义务,不随意弃置垃圾;否则,将承担侵权的法律责任。

第三篇
劳 动 合 同

▶ 1. 公司迟迟不与员工签订劳动合同，该怎么办

案例

李某大学刚毕业，经熟人介绍去了一家公司。最开始的1个月公司没有和他签订劳动合同，虽然工资按时发放，但李某心里不踏实。工作了3个月之后，李某找到公司的老板，希望能签订正式的劳动合同。老板却说，因为你是经人介绍进公司的，我们给予了照顾，而且大家都这么熟了，劳动合同就别签了。李某很为难，但又不知道该怎么办。

解析

本案中的公司不与劳动者签订书面的劳动合同是不合法的。

劳动合同将用人单位和劳动者之间的权利义务，以最为直接的方式表达出来，是十分重要的。但在现实生活中，有的用人单位往往倚仗着自己的优势地位，在用工时不与劳动者签订书面的劳动合同，仅以口头的方式约定。在这样的情况下，如果发生了纠纷将不利于劳动者维权。

法律针对上面的情况作了相关规定。《劳动合同法》第82条以及《劳动合同法实施条例》第7条规定：用人单位自用工之日起超过1个月不满1年未与劳动者订立书面劳动合同的，应当向劳动者每月支付两倍的工资。用人单位自用工之日起满1年未与劳动者订立书面劳动合同的，应该自用工之日起满1个月的次日至满1年的前1日向劳动者每月支付两倍的工资，并视为自用工之日起满1年的当日已经与劳动者订立无固定期限劳动合同，应当立即与劳动者补订书面劳动合同。

法律如此规定，一方面从经济角度对不规范的用人单位进行了处罚；另一方面也积极地鼓励了劳动者在受到不合法的待遇时，勇敢地站出来维护自己的权利。而且1个月的时间规定，对于用人单位和劳动者来说都比较人性。

本案中,李某可以向公司要求签订劳动合同,而且可以获得两个月的工资赔偿。

2. 劳动合同中未约定劳动期限,怎么办

案例

年初,宋某所在的公司和所有的员工签署了新的劳动合同。在拿到合同后,宋某心里犯了嘀咕。在这次签订新劳动合同时,大伙有的与公司签了3年的合同,有的与公司签了5年的合同,而宋某拿到的合同却没有规定明确的期限。这让宋某很是担心,宋某是公司的第一批员工,已经在公司干了10年,年纪也很大了。他认为,公司签合同时没有约定时间,可以随时解雇他。

解析

在本案中,公司和宋某订立的合同是无固定期限劳动合同。

一般情况下,劳动合同都规定了合同期限。在一定条件下,劳动者可以签订无固定期限劳动合同。无固定期限劳动合同,是指用人单位与劳动者约定无确定终止时间的劳动合同。

根据《劳动合同法》第14条以及《劳动合同法实施条例》第11条的规定,在用人单位与劳动者协商一致的情况下,可以订立无固定期限劳动合同。有下列情形之一,劳动者提出或者同意续订、订立劳动合同的,除劳动者提出订立固定期限劳动合同外,应当订立无固定期限劳动合同:(1)劳动者在该用人单位连续工作满10年的;(2)用人单位初次实行劳动合同制度或者国有企业改制重新订立劳动合同时,劳动者在该用人单位连续工作满10年且距法定退休年龄不足10年的;(3)连续订立二次固定期限劳动合同,且劳动者没有《劳动合同法》第39条和第40条第1项、第2项规定的情形,续订劳动合同的。同时,还有一个特例是:用人单位

自用工之日起满 1 年不与劳动者订立书面劳动合同的，视为用人单位与劳动者已订立无固定期限劳动合同。

本案中，宋某在公司已经工作了 10 年，公司与他签订无固定期限劳动合同是合理、合法的。宋某的担心是没有必要的，因为无固定期限劳动合同相对于约定期限的劳动合同更能保护劳动者的权益，在签订了无固定期限劳动合同后，只要没有出现法律规定的条件或者双方约定的条件，双方当事人就要继续履行劳动合同规定的义务。

3. 公司改制，员工是否需要重新与公司签订劳动合同

案例

秦某所在的工厂改制了，而秦某手里的合同上仍是改制前的工厂。工厂改制后不仅名字改了，连企业性质都改了，那么原来的那份合同是否还有效？秦某是否要和改制后的股份有限责任公司再签订一份劳动合同？

解析

本案中，秦某和“原”工厂的劳动合同依旧有效。秦某不必与改制后的股份有限公司订立新的劳动合同。

一般来说，国有企业的改制方案应由职工大会或职工代表大会同意，私有企业的改制则应由董事会或股东大会通过。因此，对于私有企业的劳动者来说，他们对于自己工作单位性质的转换，是不可掌控的。但这并不意味着，职工的利益就可以随意地被侵害。

劳动部《关于企业实施股份制和股份合作制改造中履行劳动合同问题的通知》第 1 条规定，在企业实施股份制或股份合作制改造后，用人单位主体发生变化的，应当由变化后的用工主体继续与职工履行原劳动合同。由于企业改制导致原劳动合同不能履行的，企业与职工应当依法变更劳动合同。

本案中,秦某没有必要和改制后的股份有限公司签订劳动合同,当然,如果因为这次工厂的改制,秦某原本的合同已经不能再继续履行了,那么改制后的股份有限公司可以和秦某协商变更劳动合同的内容。

根据《劳动法》第 26 条第 3 项和劳动部《关于企业实施股份制和股份合作制改造中履行劳动合同问题的通知》第 2 条的相关规定,如果经过改制后的企业与职工协商变更劳动合同时不能达成一致意见,则用人单位可以提前 30 天,以书面形式通知劳动者本人解除劳动合同。

▶ 4. 在小卖部勤工俭学,需要签订劳动合同吗

案例

王某就读于某所大学,因为家境贫困,放暑假期间就到学校附近的一家小卖部勤工俭学,结算时,老板却少给了报酬。王某和老板理论,老板却说,我让你在这工作,你就应该感谢我,就别要求那么多了。王某吃了“哑巴亏”,却没有办法。勤工俭学是否需要签订劳动合同?

解析

王某和老板间的关系是雇佣关系而不是劳动关系。王某到超市勤工俭学,小卖部老板可以不和王某签订劳动合同。当然,克扣王某劳动报酬的行为违反了法律的规定。

根据劳动部《关于贯彻执行〈中华人民共和国劳动法〉若干问题的意见》第 12 条的规定,大学生勤工俭学的行为不视为就业,与用人单位之间并未建立劳动关系,因此,可以不签订劳动合同。因此勤工俭学不能用《劳动法》以及相关法律来规范,其只能作为雇佣关系适用我国《民法典》相关规定。

本案中,王某作为在校生在小卖部临时打工,不属于就业,因此,小卖部老板不和王某签订劳动合同并没有违反法律的规定。但是,小卖部老

板还是应该按照和王某的约定来支付劳动报酬。当然,王某和小卖部老板之间如果仅以口头方式约定报酬,其维权的难度会比较大。

在此,提醒各位参与或者打算参与勤工俭学的同学,勤工俭学不需要签订劳动合同,并不意味着就不能和工作单位签订相关的合同或协议。从维护自己权益的角度出发,最好在打工前能与工作单位签订一份协议,对工作内容、工作时间、薪水以及相应的劳动保护等方面的内容进行规定,以明确双方的权利、义务。

5. 毕业生就业协议和劳动合同有哪些区别

案例

方某毕业后,按照相关的流程顺利地和公司签订了毕业生就业协议,之后就到公司上班了。在工作中,他得知与他一起入职的另一名同事已经和公司签订了劳动合同,而公司却没一点找他签订劳动合同的意思。经过询问,公司告诉方某,因为公司已经和他签了毕业生就业协议,而毕业生就业协议上有关工作的相关内容都规定得非常清楚,所以公司就不再和方某签订劳动合同。方某看了一下自己的毕业生就业协议,上面的内容倒是也很全面,而且加上了附加条款后和劳动合同别无二致。但是,他还是很担心自己没有劳动合同,得不到《劳动法》的保护。

解析

本案涉及毕业生就业协议和劳动合同两者区别的法律问题。从内容上看,毕业生就业协议和劳动合同非常相似,但是两者之间还是有一定区别。

毕业生就业协议,通常也被称作“三方协议”,是高校毕业生与用人单位确立劳动关系,明确双方在毕业生就业工作中权利和义务的协议。教育部颁布的《普通高等学校毕业生就业工作暂行规定》第24条规定,经供需见面和双向选择后,毕业生、用人单位和高等学校应当签订毕业生就业协议书,作为制定就业计划和派遣的依据。而劳动合同是劳动者与用人单位确立劳动关系,明确双方权利和义务关系的协议。我国《劳动法》第16条规定,建立劳动关系应当订立劳动合同。两者的区别主要集中在以下几个方面:

(1)适用的法律、法规不同

劳动合同适用《劳动法》《劳动合同法》及劳动人事部门颁布的有关劳动人事方面的规章。毕业生就业协议适用教育部颁布的《普通高等学校毕业生就业工作暂行规定》和有关政策。

(2)适用主体不同

劳动合同是劳动者与用人单位之间确立劳动关系的协议,只要双方当事人协商一致,符合国家的法律、政策法规,无欺诈、胁迫等手段,经双方签字盖章,合同即生效。毕业生就业协议除毕业生与用人单位双方签字、盖章外,尚需学校和鉴证机关(人事部门)参与。

(3)内容不同

劳动合同的内容根据《劳动合同法》规定得比较详细。毕业生就业协议的条款比较简单,主要是毕业生如实向用人单位介绍自己的情况,愿意在规定期限内到用人单位报到;用人单位如实向毕业生介绍本单位情况,同意录用该毕业生等;另外,还有一些简单条款。

(4)适用的人员不同

劳动合同可以适用于各类人员。凡是中华人民共和国公民,只要有劳动能力并符合法律规定的条件,经过供需见面、双向选择,一经录用,都可以与用人单位签订劳动合同。毕业生就业协议只适用于高校毕业生。

(5)签订时间不同

一般来说,毕业生就业协议签订在前,劳动合同订立在后。毕业生就业协议是毕业生在找工作过程中,落实用人单位后签订的,其签订时间在学生离校前。而劳动合同是毕业生到用人单位报到后订立的。如果毕业生与用人单位在工资待遇、住房等方面有事先约定,可在就业协议的约定条款中注明,附后补充,日后订立劳动合同时对此内容予以认可。

现实生活中,毕业生就业协议可以从侧面对劳动合同予以补充,但是从维护劳动者和用人单位权益的角度出发,还是应该在入职后尽快签订劳动合同。当然,在没有劳动合同的时候发生争议,毕业生就业协议对于证明劳动者和单位的劳动关系还是有一定帮助的。

6. 什么是集体合同

案例

陈某被某物业公司录用为小区保洁人员,入职后,他和公司签订了一份3年的劳动合同。可才过了1个月,陈某就听说该物业公司的工会和该物业公司开展了集体协商,准备签订集体合同。同时,陈某还听说,集体合同虽然是由工会和公司两家协商签订,合同的效力却是对全公司范围内的职工都有效。陈某以前只听说过劳动合同,对于集体合同的相关情况并不了解,他认为,自己才入职,还没有加入工会,对于公司的内部管理也不是很熟,对这份合同是否对他有效拿捏不准。

解析

陈某所在公司的工会和公司签订集体合同的行为是合法的,一旦集体合同获得劳动行政部门的批准,集体合同将对公司里所有的劳动者具有约束力。

从概念上看,根据《集体合同规定》第3条的规定,集体合同就是指用人单位与本单位职工根据法律、法规、规章的规定,就劳动报酬、工作时间、休息休假、劳动安全卫生、职业培训、保险福利等事项,通过集体协商签订的书面协议。

从订立方式上看,根据《劳动合同法》第51条的规定,"企业职工一方与用人单位通过平等协商,可以就劳动报酬、工作时间、休息休假、劳动安全卫生、保险福利等事项订立集体合同。集体合同草案应当提交职工代表大会或者全体职工讨论通过。集体合同由工会代表企业职工一方与用人单位订立;尚未建立工会的用人单位,由上级工会指导劳动者推举的代表与用人单位订立。”

从内容上看,根据《集体合同规定》第 8 条的规定,集体合同中可以包括:劳动报酬、工作时间、休息休假、劳动安全与卫生、补充保险和福利、女职工和未成年工特殊保护、职业技能培训、劳动合同管理、奖惩、裁员、集体合同期限、变更或解除集体合同的程序、履行集体合同发生争议时的协商处理办法、违反集体合同的责任、双方认为应当协商的其他内容。同时如果有需要,根据《劳动合同法》第 52 条的规定,企业职工一方还可以与用人单位订立劳动安全卫生、女职工权益保护、工资调整机制等专项集体合同。

从效力上看,根据《劳动合同法》第 54 条的规定,订立集体合同并经过劳动行政部门的审查未提出异议的,集体合同就生效。依法订立的集体合同对用人单位和劳动者具有约束力。行业性、区域性集体合同对当地本行业、本区域的用人单位和劳动者具有约束力。

本案中,虽然陈某是才进入某物业公司的新员工,也没有加入工会,但一旦集体合同获得了劳动行政部门的批准,将对陈某也具有约束力。

7. 劳务派遣要注意哪些问题

案例

赵某是一名手机 App 软件工程师,应聘过程中,一家劳务派遣公司联系了他,问他愿不愿意到某知名 IT 企业工作。劳务派遣公司表示,可以和赵某签订一份两年期的劳动合同,赵某的工作性质属于劳务派遣,签订合同后由劳务派遣公司将他外派到某知名的 IT 公司工作。对于劳务派遣公司的说法，赵某有些心动也有些顾虑，一方面自己不愿意失去这个就业的机会；另一方面自己也担心劳务派遣公司的合法性，担心如果劳务派遣公司无法顺利地给自己安排工作，那么自己的收入将会没有保障。

解析

劳务派遣，是指劳务派遣单位与被派遣劳动者订立劳动合同后，将该劳动者派遣到用工单位从事劳动的一种特殊的用工形式。

在这种特殊用工形式下，劳务派遣单位与被派遣劳动者建立劳动关系，但不直接管理和指挥劳动者从事劳动；用工单位直接管理和指挥劳动者从事劳动，但是与劳动者之间不建立劳动关系。实际用工单位与劳务派遣单位签订劳务派遣协议，劳务派遣单位与劳务人员签订劳动合同。

从以上的说明中，可以看出，赵某对于劳务派遣公司合法性的担忧是完全没有必要的。当然，需要注意的是，从保护劳动者的角度出发，《劳动合同法》对劳务派遣单位和用工单位规定了一些义务。

根据《劳动合同法》第58条、第60条的规定，劳务派遣单位对劳动者有以下义务：(1)劳务派遣单位应当与被派遣劳动者订立两年以上的固定期限劳动合同，按月支付劳动报酬；(2)被派遣劳动者在无工作期间，劳务派遣单位应当按照所在地人民政府规定的最低工资标准，向其按月支付报酬；(3)劳务派遣单位应当将劳务派遣协议的内容告知被派遣劳动者；(4)劳务派遣单位不得克扣用工单位按照劳务派遣协议支付给被派遣劳动者的劳动报酬。

根据《劳动合同法》第62条的规定，用工单位对劳动者有以下义务：(1)执行国家劳动标准，提供相应的劳动条件和劳动保护；(2)告知被派遣劳动者的工作要求和劳动报酬；(3)支付加班费、绩效奖金，提供与工作岗位相关的福利待遇；(4)对在岗被派遣劳动者进行工作岗位所必需的培训；(5)连续用工的，实行正常的工资调整机制；(6)用工单位不得将被派遣劳动者再派遣到其他用人单位。

本案中,赵某如果可以接受劳务派遣公司提出来的要求,并且想把握住这次工作机会,应该考虑和劳务派遣公司签订劳动合同。如果劳务派遣公司或者某知名的IT公司违反了上述义务,赵某可以用法律武器来维护自己的权益。

8. 公司可以招聘"临时工"吗

案例

李某是某公司的人事主管,负责公司的人员安排和调动。由于公司的员工本职工作繁忙,平时对公司的保洁工作无暇顾及。为了维护公司的形象,李某打算找一位保洁阿姨每天早上来打扫卫生。然而,公司的人事制度非常严格,李某认为录用保洁阿姨为公司员工并不合适,只想找个临时工,但又怕违反了法律。

解析

李某可以适用《劳动合同法》中非全日制用工的相关规定。《劳动合同法》第68条规定:"非全日制用工,是指以小时计酬为主,劳动者在同一用人单位一般平均每日工作时间不超过四小时,每周工作时间累计不超过二十四小时的用工形式。"

在《劳动合同法》颁布后,许多用工形式得到了规范,使"临时工"等名词不再具有法律上的效力,这很大程度上保障了劳动者的权益。但是在现实生活中,很多单位甚至普通家庭都会遇到这样问题,那就是需要请人来做保洁、家政等工作。在没有了"临时工"这一概念后,《劳动合同法》对此也作了相应规定,那就是"非全日制用工"。从法律的角度来说,"非全日制用工"是劳动关系,而不是劳务关系。

根据《劳动合同法》第69~71条的规定,非全日制用工有下列特殊性。

(1)非全日制用工双方当事人可以订立口头协议。并且,从事非全日制用工的劳动者可以与一个或者一个以上用人单位订立劳动合同;但是,后订立的劳动合同不得影响先订立的劳动合同的履行。

(2)非全日制用工双方当事人不得约定试用期。

(3)非全日制用工双方当事人任何一方都可以随时通知对方终止用工。终止用工,用人单位不向劳动者支付经济补偿。

相较于普通的劳动关系,《劳动合同法》第72条还对非全日制用工的薪酬问题做了单独的规定:“非全日制用工小时计酬标准不得低于用人单位所在地人民政府规定的最低小时工资标准。非全日制用工劳动报酬结算支付周期最长不得超过十五日。”

一般来说,保洁工作每日工作时间不会超过4小时。因此,在本案中,李某不需要和保洁阿姨签订书面的劳动合同,双方可以订立口头协议,但需符合《劳动合同法》中关于非全日制用工的相关规定。

▶ 9. 外派员工应该和谁签订劳动合同

案例

赵某是A工厂的技术骨干,A工厂和一家外资企业出资成立了C公司,赵某则以技术指导员的身份,被C公司“借”了过去。赵某对于自己的技术很有信心,但是对于自己在新岗位上的身份却是一头雾水。他不清楚到了新的岗位后,自己和A工厂的劳动合同是否继续有效?也不清楚自己去C公司需不需要签订新的劳动合同?

解析

本案中,赵某和A工厂的劳动合同依旧有效。如果要签订新的劳动合同,赵某仍应该和A工厂签订。

在现实生活中,员工被外单位借用或者员工被外派到别的单位工作的事情时有发生。在这些情况下,员工的身份问题容易引发纠纷,员工的工资、福利发生争议时,往往会出现几个公司相互推诿的情况。其实界定员工的身份并不复杂,一般来说,如果员工和原来所在的工作单位一直保持着劳动关系,即使需要签订新的劳动合同,也应该是和原工作单位签订劳动合同。

劳动部《关于贯彻执行〈中华人民共和国劳动法〉若干问题的意见》对此问题作了相应规定,其中第7条规定,用人单位应与其长期被外单位借用的人员、带薪上学人员以及其他非在岗但仍保持劳动关系的人员签订劳动合同,但在外借和上学期间,劳动合同中的某些相关条款经双方协商可以变更;第14条规定,派出到合资、参股单位的职工如果与原单位仍保持着劳动关系,应当与原单位签订劳动合同,原单位可就劳动合同的有关内容在与合资、参股单位订立劳务合同时,明确职工的工资、保险、福利、休假等有关待遇。

本案中,赵某是A工厂的技术工人,虽然他以技术指导员的身份到C公司上班,但并未改变其和A工厂的劳动关系,他和A工厂的劳动合同依旧合法有效。当然,赵某被"借"的性质有待进一步明确,如果赵某是外派员工,他应该和A工厂签订劳动合同,并由A工厂与C公司订立劳务合同,以明确赵某的工资、保险、福利等。如果赵某是被C公司借用的员工,他同样应该和A工厂签订劳动合同,但是可以按照现实情况,对原合同的内容进行变更。

▶ 10. 试用期合同合法吗

案例

吴某从学校毕业后,找到了一份心仪的工作。与公司签订劳动合同时,公司的主管对他说,让他从9月开始就来公司工作,工作的试用期为4个月,这一个阶段只签订试用期合同。到了第二年1月,4个月的试用期结束,公司会和他签订为期两年的正式合同。吴某觉得公司给他安排了4个月的试用期有点长,想和领导商量下。而公司的主管却坚持说公司有自己的管理制度,所有员工的劳动合同都是在年初统一签订的,这是企业的规定。公司的这种制度是否符合法律的规定?

解析

"试用期"是出自劳动法的一个概念,它是用人单位考察劳动者是否适合其工作岗位的一项制度。《劳动法》第21条规定:"劳动合同可以约定试用期。试用期最长不得超过六个月。"在劳动合同中约定试用期,有积极意义。因此,法律规定了"试用期"这个概念,让用人单位和劳动者可以有一段时间磨合,使双方能够找到较为合适的人选和岗位,也使最终确立的劳动关系能够更加稳固。

当然,"试用期"劳动者的保障和待遇都没有达到正式员工的水平,因此从保护劳动者的角度出发,法律对于"试用期"作了限制性规定。《劳动合同法》第19条第1款规定:"劳动合同期限三个月以上不满一年的,试用期不得超过一个月;劳动合同期限一年以上不满三年的,试用期不得超过二个月;三年以上固定期限和无固定期限的劳动合同,试用期不得超过六个月。"此外,《劳动合同法》第19条第4款还规定:"试用期包含在劳动合同期限内。劳动合同仅约定试用期的,试用期不成立,该期限为劳动合同期限。"

本案中,公司和吴某所签订的劳动合同中,对于"试用期"的规定有两个不合法之处。第一,所签订的劳动合同期限是2年,按照法律的规定属于"一年以上不满三年"的范畴,公司要求的4个月的试用期是不合法的,其试用期不得超过2个月。第二,公司从9月起到年底和吴某签订的合同为"试用期合同",等到了来年再签订"正式的劳动合同",这种做法也是不合法的,应当将试用期归入劳动合同期限内。

11. 用人单位是否可以代扣员工工资

案例

江某和其老父亲关系十分不好,自江某结婚后,他就搬出去住,几乎不回家看望老父亲,江父的生活过得非常窘迫。江父将江某诉至法院,要求江某按月支付赡养费800元。判决下发后,江某依旧我行我素,拒绝给老父亲任何经济上的帮助。两个月后,江某发现自己每月的工资少了800元,找到财务后得知,这800元是被扣去作为其父亲赡养费的。江某认为,单位的行为属于克扣工资,打算到相关部门去讨个说法。江某所在单位扣下江某这800元的做法是否合法?

解析

江某所在的公司扣了800元用于赡养江某的父亲,不是克扣工资而是代扣工资,公司的做法是完全合法的。

克扣工资是指用人单位无正当理由扣减劳动者应得工资。用人单位对于劳动者处于管理者的地位,工资一般也是在劳动者完成当月工作后,在月底或者下个月初才发放。在劳动者已经提供了正常劳动的情况下,用人单位应该按照劳动合同规定的标准支付给劳动者足额的劳动报酬。而现实生活中,克扣工资的行为可以说是劳动关系中最为常见的纠纷。

需要指明的是,单位在某些情况下可以代扣职工的工资;代扣工资和克扣工资的情形是不一样的。比如,用人单位从劳动者的工资中扣除个人所得税、扣除劳动者个人应当缴纳的社会保险费用等,这些行为都是合法的。《工资支付暂行规定》第15条明确规定,用人单位不得克扣劳动者工资。有下列情况之一的,用人单位可以代扣劳动者工资:(1)用人单位代扣代缴的个人所得税;(2)用人单位代扣代缴的应由劳动者个人负担的各项社会保险费用;(3)法院判决、裁定中要求代扣的抚养费、赡养费;(4)法律、法规规定可以从劳动者工资中扣除的其他费用。

除了上述情况外,现实生活中大量存在用人单位工资和经济效益相挂钩的情况,因此,《对〈工资支付暂行规定〉有关问题的补充规定》第3条对上述条款进行了补充。例如,单位经济效益下浮,用人单位不得不减发工资的,属于依法减发工资的情况。另外,以下这些情况下的减发工资也不属于克扣工资的行为:(1)国家的法律、法规中有明确规定的;(2)依法签订的劳动合同中有明确规定的;(3)用人单位依法制定并经职代会批准的厂规、厂纪中有明确规定的;(4)因劳动者请事假等相应减发工资等。

本案中,江父将江某诉至法院后,法院也作出了相应的判决,要求江某按月支付赡养费800元。江某无视法院的判决而拒绝履行,这时江父可以向法院申请强制执行,法院会要求江某所在的单位进行相应的协助,也就是直接从江某未发放的工资中代扣800元的赡养费。由此可以看出,江某所在公司的做法符合法律的规定,可以从江某的工资中代扣800元的赡养费交由法院执行。

▶ 12. 最低工资标准是否需要扣除包吃包住的费用

案例

冯某在某制衣厂当颜色烫染操作工,她和制衣厂所签订的合同约定:每月工资1000元,包吃包住。签订合同的时候,制衣厂所在地的最低工资标准也是1000元。工作一年后,因为物价上涨,当地人民政府的相关部门决定将当地的最低工资标准调至每月1100元。冯某找到制衣厂的领导,希望领导也给她加工资。而领导则表示,工资是进厂的时候就定好的,不会改。领导还告诉冯某,其在制衣厂里工作时,已经享受了包吃包住的待遇,制衣厂给包吃包住所付出的费用加上冯某的工资不止1100元。领导还告诉冯某,因为物价上涨,员工包吃包住的开销也大大增加,如果冯某执意要求增加工资,那么制衣厂将不再负责冯某的吃住。制衣厂领导的说法是否合理?

解析

在最低工资标准有所改变的时候,制衣厂应该按照规定保证本厂的职工工资等于或者高于最低工资标准。制衣厂包吃包住的行为不影响最低工资标准的限制。

最低工资标准的设置,为的是画出一条底线来保障劳动者的权益。随着经济增长、物价提高,如果这条底线依旧维持不变,就达不到保障劳动者权益的目的。一般来说,确定最低工资标准一般考虑城镇居民生活费用支出、职工个人缴纳的社会保险费、住房公积金、职工平均工资、失业率、经济发展水平等因素。

根据劳动和社会保障部第21号令《最低工资规定》第6条和第10条的规定,确定和调整月最低工资标准,应参考当地就业者及其赡养人口的最低生活费用、城镇居民消费价格指数、职工个人缴纳的社会保险费和住房公积金、职工平均工资、经济发展水平、就业状况等因素。最低工资标准发布实施后,如果相关因素发生变化,应当适时调整。最低工资标准每两年至少调整一次。《最低工资规定》第11条还规定,用人单位应在最低工资标准发布后10日内将该标准向本单位全体劳动者公示。

本案中,工资是以货币的形式支付给劳动者的,因此制衣厂包吃包住应当不属于工资的组成部分。在计算冯某这样包吃包住工人的工资时,不应当将这些费用计算在内。因此,即使是包吃包住,工资也不能低于最低工资标准。在工资标准调整以后,制衣厂也应当作出相应的调整,将冯某的工资提高到1100元。需要指出的是,"包吃包住"的条件是制衣厂和冯某在签订劳动合同之时就约定好的,制衣厂不能因为提高了冯某的工资,而单方面宣布不再负责冯某的吃住。

▶ 13. 辞职后，员工两年内不能再从事该领域内的工作吗

案例

陈某是某出国留学教育培训公司的人事培训主管，专门负责管理培训公司内部的教师，并安排培训教师授课。经过工作上的接触，陈某获得了培训公司内部所有老师的资料和联系方式，并且和老师们建立了良好的关系。这个时候该培训公司的主要竞争对手——同城的另一家培训公司向陈某抛出了橄榄枝，表示只要陈某加盟，薪水由其自己定。陈某向自己所在的培训公司提出辞职。培训公司给陈某办理完离职手续的同时还向其发了一份告知书，告知他在离职后两年内不能从事与培训行业相关的工作。陈某很诧异，经过询问得知，公司当时和他签订的合同中有一个条款规定："辞职后两年不能从事与本行业有关的职位。"陈某觉得这个条款限制了他的自主择业权，希望通过有关部门来撤销合同中的这个条款。陈某的要求能否得到支持呢？

解析

本案中劳动合同中的竞业限制条款合法有效，陈某辞职后的两年内，他不能到同城另外一家从事同样业务的培训公司工作。

所谓竞业限制，是指劳动者在离开用人单位后的一定期限内，不得在生产同类产品或经营同类业务且有竞争关系或其他利害关系的其他单位任职，也不得自己生产、经营与原用人单位有竞争关系的同类产品或业务。这项制度的制定可以有效地保证用工市场处于一个相对合理健康的工作环境，避免恶性竞争。

根据《劳动合同法》第23条的规定，用人单位与劳动者在签订劳动合同时，可以通过协商约定保守用人单位的商业秘密和与知识产权相关的保密事项。对负有保密义务的劳动者，用人单位可以在劳动合同或者

保密协议中与劳动者约定竞业限制条款,并约定在解除或者终止劳动合同后,在竞业限制期内按月给予劳动者经济补偿。当然,不是所有的劳动者都需要与单位签订竞业限制条款,为了防止用人单位滥用竞业限制条款,《劳动合同法》第24条对竞业限制的人员的范围作了规定,竞业限制的人员限于用人单位的高级管理人员、高级技术人员和其他负有保密义务的人员。一般来说,在高科技行业中,订立竞业限制条款的情况比较多。用人单位与劳动者订立竞业限制条款时,必须对竞业限制的范围、地域、期限进行约定,竞业限制的约定不得违反法律、法规的规定。

本案中,陈某作为某出国留学培训公司的人事主管,掌握着教师的资料和联系方式等很重要的商业信息。因此,该出国留学培训公司可以要求陈某遵守保密义务,在合同中约定竞业限制条款。从合同内容的实质来看,双方约定了"辞职后两年不能从事与本行业有关的职位"的限制。因此,陈某必须遵守合同的规定,在辞职后的两年内不能到和原来所在培训公司业务类似的公司去工作。

▶ 14. 员工被公司裁员后无任何收入来源,还要承担竞业禁止义务吗

案例

马某是某电脑软件公司的程序员,负责开发网络游戏,进入公司之时,他与公司签订的劳动合同中约定了为期两年的竞业限制期限,合同中还进一步约定:如果员工违反了竞业限制的相关义务,则需要支付公司5万元的违约金。然而,马某进入公司不到3个月,公司就因为经营状况的恶化宣布裁员,马某不幸出现在裁员的名单中。失业后的马某受竞业限制的约束,两年内不能到其他软件公司就职,而他除了擅长游戏软件编程外没有别的求职优势,因此,在经济上陷入了窘迫的境地。虽然该电脑软件公司给了马某一笔2万元的补偿款,但是这笔钱远远不够他两年的开

销。如果马某违反竞业限制的约定到其他公司求职,那么他还要承受高达5万元的违约金,这对于马某来说无疑是雪上加霜。马某应该如何保护自己的利益呢?

解析

本案中,马某在遵守竞业限制约定时,可以向某电脑软件公司要求支付经济补偿金;在公司不支付补偿金的情况下,马某可以不受竞业限制条款的约束。

竞业限制的约定往往采取限制劳动者就业自由的方式,这在保护了用人单位相关利益的同时,必然会使劳动者受到经济上的损失。最为明显的就是,为了遵守合同中约定的竞业限制条款,劳动者最长可能在两年内无法从事相关行业的工作。因此,用人单位应当向劳动者支付一定的经济补偿金。如果用人单位不支付或者停止支付经济补偿金,则竞业限制条款对劳动者的约束也随之终止。

对于竞业限制的补偿,《劳动合同法》第23条第2款规定:“对负有保密义务的劳动者,用人单位可以在劳动合同或者保密协议中与劳动者约定竞业限制条款,并约定在解除或者终止劳动合同后,在竞业限制期限内按月给予劳动者经济补偿。劳动者违反竞业限制约定的,应当按照约定向用人单位支付违约金。”

本案中,马某和某电脑软件公司的劳动合同中约定了两年的竞业限制期限和5万元的违约金,这些都是合法的,然而,没有约定补偿金却成了合同的致命伤。马某可以要求公司在竞业限制期限内按月支付给他相应的补偿金。如果公司拒绝支付补偿金,那么马某则无须遵守竞业限制条款的规定。

需要注意的是,违约金和补偿金在我国法律中并没有硬性规定,因此,违约金和补偿金的数额一般都由签订劳动合同的双方协商来确定。当然,违约金和补偿金在数额上大体上要合理,如果数额悬殊,那么在法律实践中会被判令作出调整,甚至会导致竞业限制条款无效。

15. 公司规定的工作时间超出8小时,还要求员工加班,合法吗

案例

何某刚毕业,便找到了一份办公室行政文员的工作,公司要求员工每天8:30上班、18:00下班,还规定办公室的每位员工在周六日要实行轮班制度。何某刚从学校毕业,对单位用工制度是否合法产生疑问。

解析

本案主要涉及的是何某单位的用工制度是否符合标准工时制度的法律问题。何某所在单位是否违法不能一概而论,而应该详细看单位对于用工时间的具体安排以及工资计算方式。

标准工时制度是由法律确定的一昼夜中工作时间长度、一周中工作时间长度,并要求各用人单位和一般职工普遍实行的基本工时制度。标准工时制度对于工作时间的长度做了限制性的规定,保证了劳动者在正常的用工制度下获得休息的权利。

《劳动法》第36条规定:"国家实行劳动者每日工作时间不超过八小时、平均每周工作时间不超过四十四小时的工时制度。"而国务院《关于职工工作时间的规定》第3条规定:"职工每日工作8小时、每周工作40小时。"显然,两者在每周工作时间上有了4小时的差距。国务院《关于职工工作时间的规定》根据《劳动法》的内容,作出了优化修改。另外,针对这个差距,劳动部《关于职工工作时间有关问题的复函》作了进一步的规定,如果用人单位安排的工作时间每周超出40小时但不足44小时,不作为延长工作时间处理,但是劳动行政部门有权要求用人单位改正。因此,可以看出,我国实行的是每日8小时的工作制度,每周工作5天。

现实中具体的用工时间是否合法,还需要进一步计算。有的用人单

位会给员工中午留出一定的午休时间,这不能算作工作时间;有的用人单位虽然安排员工在周六日工作,但它同时安排了调休,那么也没有违反标准工时制度。

本案中,虽然何某所在的公司要求员工每天 8:30 上班,18:00 下班,而且还要求办公室的员工周末轮流值班,这看起来大大超过了 8 小时的工作时间,但实际的用工时间是否合法还需要进一步分析。如果何某所在的公司给员工安排的工作时间超出了标准工时制度的规定,那么何某和其他员工可以要求公司支付加班工资。

▶ 16. 运输公司安排的工作时间合法吗

案例

夏某是一名货运公司的司机,专门负责公司的长途运输项目,有时候一离开家就是半个多月。夏某的儿子小夏才上初中,对爸爸这种常常不在家的状态十分不满意。一天,小夏从电视里的普法知识讲座中得知,我国实行的是每天工作 8 小时、每周工作 40 小时的标准工时制度。他认为,爸爸所在的公司违反了劳动法的相关规定,等爸爸回家后,便想拉着爸爸去找其单位的领导理论。这种用人制度是否违反了法律规定?

解析

本案涉及了两个法律概念:不定时工作制和综合计算工时制,这两个概念是对标准工时制度所作的补充。夏某作为长途运输驾驶员,其工作时间不受标准工时制度规范。

标准工时制度规定每日工作 8 小时、每周工作 40 小时,这是一种常态,大部分人都是白天上 8 小时的班、周末双休。然而,对于从事外勤、推销工作的人来说,上下班不一定有准点;对于从事长途运输、建筑、旅游等行业的人来说,工作时间的长短也不好确定,都不可能按照标准工时制度的规定来工作。因此,法律规定了两个与标准工时制度相对应的概念:不定时工作制和综合计算工时制。

不定时工作制,是指每一工作日没有固定的上下班时间限制的工作时间制度。它是针对因生产特点、工作特殊需要或职责范围的关系,无法按标准工作时间衡量或需要机动作业的职工所采用的一种工时制度。综合计算工时制,则指的是企业对符合条件的职工,分别以周、月、季、年等为周期,综合计算工作时间,但其平均日工作时间和平均周工作时间应与法定标准工作时间基本相同的一种制度。

劳动部《关于企业实行不定时工作制和综合计算工时工作制的审批办法》第3条规定:"企业因生产特点不能实行《中华人民共和国劳动法》第三十六条、第三十八条规定的,可以实行不定时工作制或综合计算工时工作制等其他工作和休息办法。"第4条和第5条则分别明确了这两种制度的适用范围。

第4条规定,企业对符合下列条件之一的职工,可以实行不定时工作制:(1)企业中的高级管理人员、外勤人员、推销人员、部分值班人员和其他因工作无法按标准工作时间衡量的职工;(2)企业中的长途运输人员、出租汽车司机和铁路、港口、仓库的部分装卸人员以及因工作性质特殊,需机动作业的职工;(3)其他因生产特点、工作特殊需要或职责范围的关系,适合实行不定时工作制的职工。

第5条规定,企业对符合下列条件之一的职工,可实行综合计算工时工作制:(1)交通、铁路、邮电、水运、航空、渔业等行业中因工作性质特殊,需连续作业的职工;(2)地质及资源勘探、建筑、制盐、制糖、旅游等受季节和自然条件限制的行业的部分职工;(3)其他适合实行综合计算工时工作制的职工。

本案中,夏某的工作是长途运输,是不可能按照标准工时制度的规定来工作的。对运输公司来说,在确保职工休息休假权利、充分听取职工意见的基础上,可以采用集中工作、集中休息、轮休调休、弹性工作时间等适当方式,而不必遵守标准工时制度的规定。

▶ 17. 在什么情形下单位应该给孕妇更换岗位

案例

朱某是某汽车修理厂的维修工,在朱某怀孕3个月时,丈夫余某觉得朱某的日常工作经常要弯腰、下蹲,可能会对胎儿的发育不利。于是,他建议朱某向厂里反映情况,让领导给她调换个适合现在身体状况的岗位。朱某觉得丈夫说得有道理,于是向领导提出了调换工作的要求,领导却让朱某再坚持干4个月,等她怀孕7个月的时候再考虑给她调换岗位。领导应不应该及时给朱某调换工作呢?

解析

本案主要涉及孕期禁忌从事的劳动范围的法律问题。朱某的领导应该给她及时调换工作。

孕育下一代对任何人而言,都是一件值得高兴的大喜事。处于怀孕期间的女性由于身体状况的不断变化,需要精心的照顾和细心的呵护。为保障怀孕期间女职工的身心健康及其子女的正常发育和健康成长,我国法律出台了一系列的相关保护政策,规定了女职工孕期禁忌从事的劳动范围。

根据《劳动法》第61条、《女职工劳动保护特别规定》附录、《女职工禁忌劳动范围的规定》第6条及《女职工保健工作规定》第9条的规定,不得安排女职工在怀孕期间从事孕期禁忌从事的劳动。怀孕女职工禁忌从事的劳动范围如下:(1)作业场所空气中铅及其化合物、汞及其化合物、苯、镉、铍、砷、氰化物、氮氧化物、一氧化碳、二硫化碳、氯、己内酰胺、氯丁二烯、氯乙烯、环氧乙烷、苯胺、甲醛等有毒物质浓度超过国家卫生标准的作业;(2)制药行业中从事抗癌药物及己烯雌酚生产的作业;(3)作业场所放射性物质超过《放射防护规定》中规定剂量的作业;(4)人力进行的土方和石方作业;(5)《体力劳动强度分级》标准中第Ⅲ级体力劳动强度的作业;(6)伴有全身强烈振动的作业,如风钻、捣固机、锻造等作业,以及拖拉机驾驶等;(7)工作中需要频繁弯腰、攀高、下蹲的作业,如焊接作业;(8)《高处作业分级》标准所规定的高处作业。

此外,对有过两次以上自然流产史、现又无子女的女职工,应暂时调离有可能直接或间接导致流产的作业岗位。

女职工怀孕期间,如果从事的工作属于孕期禁忌从事的工作,则用人单位必须为其调换工作岗位。对于不能胜任原工作的,应当根据医院出具的证明,减轻其工作量或者安排其他工作。怀孕7个月以上的女职工在工作时间内还应当安排一定的休息时间。

本案中,像朱某所从事的维修工作这种需要经常弯腰、下蹲的劳动属于孕期禁忌从事的劳动。所以,朱某要求调换工作是合法的,厂方应立即为其调换工作岗位,不能以任何理由加以拖延或者拒绝。

18. 单位可以根据合同约定解聘怀孕女职工吗

案例

李某的单位非常注重工作效率,不允许女职工怀孕,在当初签订合同时就告知了李某。由于李某当时大学刚毕业,又很喜欢这份工作,就签了合同。在公司一干就是8年,如今,李某已经30岁了,她决定结婚生子。怀孕后的李某十分困惑,若按照单位的规定,单位将和她解除合同。她不知道单位这样做合法吗?

解析

本案主要涉及用人单位能否与怀孕期间的女职工解除合同的法律问题。李某单位的做法是不合法的。

根据我国《劳动合同法》第42条第4项的规定,出于对怀孕女职工的保护,在合同期未满的情况下,用人单位不能以其怀孕、产假和哺乳为由解除劳动合同。而且,在怀孕期间,即使合同期满,用人单位也不能解除劳动合同,必须延续到孕期、产期和哺乳期期满后才能解除合同。

本案中,李某单位当初和她签订的劳动合同中的"不准怀孕"的规定不合法,单位不可以李某怀孕违反劳动合同中的约定为由与她解除劳动关系。若李某的单位真的这样做,李某可以与单位协商调解,或者直接提起劳动仲裁来维护自己的合法权益。

19. 怀孕女职工是否一律不能辞退

案例

吴某和某单位在3年前就签订了劳动合同,合同期限为4年,工作内容是销售。2016年下半年,吴某怀孕后没有按公司规章制度履行请假手续便停止工作,在家休息待产。2017年5月,吴某生下孩子后,有4个月产假。单位通知吴某上班,并告诉她按照单位的规章制度,无故旷工累计15天,属于严重违反单位规章制度的行为,将会开除她。单位人事部门多次电话通知吴某来上班,而吴某既不按时上班,也不请假。单位只好解除和吴某的劳动合同。单位这样做合法吗?

解析

本案中,吴某单位的做法是合法的。

女职工在就业劳动中,因其自身的特点和弱点,法律在用工方面给予了女职工更多的保护和照顾。在一般情况下,用人单位不能辞退怀孕期间的女职工。

与此同时,为了彰显公平正义的原则,体现法律的公正性,根据《劳动合同法》第39条的规定,如果女职工在孕期内有严重违纪行为,用人单位可以辞退。除此之外,以下情形,用人单位也可以与女职工解除

合同:

(1)在试用期间被证明不符合录用条件;

(2)严重违反用人单位的规章制度;

(3)严重失职,营私舞弊,给用人单位造成重大损害;

(4)同时与其他用人单位建立劳动关系,对完成本单位的工作任务造成严重影响,或者经用人单位提出,拒不改正;

(5)以欺诈、胁迫的手段或者乘人之危,在违背用人单位真实意思的情况下,订立或者变更劳动合同;

(6)被依法追究刑事责任的。以上规定也适用于产期和哺乳期的女职工。

本案中,吴某的做法属于严重违反单位规章制度的行为,经单位人事部门多次提醒仍然不悔改,她所在单位根据上述规定有权与她解除劳动合同。

▶ 20. 哺乳期的员工享有什么特殊保护

案例

小吴进单位不到一年便怀孕生子,休完产假后上班。从事的是前台工作,时常加班。而家里距离单位路程远,小吴不知道单位是否允许她回家哺乳。更让她担心的是,3 个月后,她的合同到期,现在单位十分不景气,正大幅度裁员,很可能不与她续签合同。针对小吴的情况,法律上有什么特殊规定?

解析

本案主要涉及妇女在哺乳期间劳动的相关法律问题。

哺乳期是指产后产妇用自己的乳汁喂养婴儿的时期,就是开始哺乳到停止哺乳的这段时间,一般长达 10 个月至 1 年。为了保护母婴健康,降低婴幼儿死亡率,国际上已将保护、促进和支持母婴喂养作为妇幼卫生工作的一项重要内容,我国也不例外。为此,我国出台了一系列的相关法律法规来保障哺乳期妇女的身体调养及婴儿的茁壮成长。

根据《劳动法》第63条,《女职工劳动保护特别规定》第5条、第9条,以及劳动部《关于贯彻执行〈中华人民共和国劳动法〉若干问题的意见》第34条的规定,女职工需要哺乳未满1周岁的婴儿的,用人单位不得安排其从事国家规定的第三级体力劳动强度的劳动和哺乳期禁忌从事的其他劳动,不得安排其延长工作时间和夜班劳动。同时,不得降低其基本工资,或者解除劳动合同。并且,女职工在哺乳期内,劳动合同期限届满时,用人单位不得终止劳动合同。劳动合同的期限应自动延续至哺乳期期满为止。

《女职工劳动保护特别规定》第9条规定,对哺乳未满1周岁婴儿的女职工,用人单位不得延长劳动时间或者安排夜班劳动。用人单位应当在每天的劳动时间内为哺乳期女职工安排1小时哺乳时间;女职工生育多胞胎的,每多哺乳1个婴儿每天增加1小时哺乳时间。

本案中,小吴不用担心自己的情况,根据上述法律规定,小吴的单位不得安排其加班,并且应当在每班劳动时间内给予小吴两次哺乳的时间,每次30分钟。而小吴的劳动合同,在哺乳期内单位不得终止劳动合同,劳动合同的期限应自动延续至哺乳期期满为止。

▶ 21. 职工住院治疗期间的工资如何发放

案例

陈某2012年大学毕业后到某国有企业工作,双方签订了为期3年的劳动合同。该企业经济效益很好,员工工资水平较高,并且企业为所有员工按时足额缴纳了医疗保险费,因此,陈某对自己的工作一直比较满意。但天有不测风云,2015年3月初,陈某患病住院治疗2个月。住院期间,公司以陈某未上班为由,停发了陈某的工资,让其申请医疗保险待遇。陈某认为,享受相关的医疗待遇和公司为其发放工资是两码事。职工在医疗期内应该享受病假工资吗?

解析

职工在医疗期内应该享受病假工资。

根据《劳动保险条例》第13条及《劳动保险条例实施细则修正草案》第16条、第17条的规定,劳动者患病停止工作连续医疗期间在6个月以内者,应当由用人单位按下列标准支付病伤假期工资:连续工龄不满2年者,支付本人工资的60%;已满2年不满4年者,支付本人工资的70%;已满4年不满6年者,支付本人工资的80%;已满6年不满8年者,支付本人工资的90%;已满8年及8年以上者,支付本人工资的100%。

劳动者患病停止工作连续医疗期间超过6个月的,病伤假期工资停发,改由劳动保险基金项下,按月付给疾病或非因工负伤救济费,其标准如下:连续工龄不满1年者,为本人工资的40%;已满1年未满3年者,为本人工资的50%;3年及3年以上者,为本人工资的60%。此项救济费付至能工作或确定为残废或死亡时止。

本案中,陈某工龄已满2年,且他的实际医疗期为2个月,在6个月以内,符合法律的规定。根据上述规定,职工在医疗期内应该享受病假工资,陈某所在的单位应该按照陈某本人工资的70%每月按时向陈某支付工资,且不能低于当地最低工资标准。单位不发放工资的做法是不正确的。

22. 在什么情况下员工可以随时解除劳动合同

案例

江某由于学历很低,只能从事一些重体力劳动。迫于生活的压力,江某在一家煤矿公司从事挖煤的工作。冬季是用煤的旺季,公司为了多赚钱,强迫员工加班长达两个月,许多同事因为高强度的工作累病了。江某身体也十分虚弱,快扛不下去了,他向人事主管反映,要求调休,被人事主管拒绝,并且威胁他,若不加班就扣留他该月的工资。江某觉得公司太黑,他想马上离开这家公司。江某可以随时解除劳动合同吗?

解析

本案中江某可以随时解除劳动合同。

根据我国《劳动合同法》第38条的规定,在下列情况下,劳动者可以立即解除劳动合同,不需要事先告知用人单位:

(1)用人单位以暴力、威胁或者非法限制人身自由的手段强迫劳动者劳动的;

(2)用人单位违章指挥、强令冒险作业危及劳动者人身安全的。

用人单位有下列情形之一的,劳动者可以解除劳动合同:

(1)未按照劳动合同约定提供劳动保护或者劳动条件的;

(2)未及时足额支付劳动报酬的;

(3)未依法为劳动者缴纳社会保险费的;

(4)用人单位的规章制度违反法律、法规的规定,损害劳动者权益的;

(5)因《劳动合同法》第26条第1款规定的情形致使劳动合同无效的;

(6)法律、行政法规规定劳动者可以解除劳动合同的其他情形。

本案中,江某的单位不仅没有保障江某的休息权,还以扣留工资这种无赖的手段逼迫病中的江某继续加班,严重违背了我国法律的精神。江某可以立即解除劳动合同,无须事先告知公司。他所在的公司必须给他及时结算、发放工资。

23. 合同到期公司不续约,员工能获得经济补偿金吗

案例

李某是某化妆品公司的经理,她与单位所签订的为期2年的劳动合同即将期满。李某十分喜欢现在的工作环境,还想继续在单位工作,却得到了单位不打算续签劳动合同的答复。有好心的同事建议她,向单位要求领取经济补偿金。李某可以领取经济补偿金吗?

解析

本案中李某可以领取经济补偿金。

经济补偿金是用人单位解除劳动合同时,给予劳动者的经济补偿。它是在劳动合同解除或终止后,用人单位依法一次性支付给劳动者的经济上的补助。

根据我国《劳动合同法》第46条的规定,有下列情形之一的,用人单位应当向劳动者支付经济补偿:

(1)由用人单位提出解除劳动合同,并符合如下条件之一的:

①经双方协商同意解除劳动合同的;

②劳动者患病或者非因工负伤,医疗期满后,不能从事原工作,也不能从事由用人单位另行安排的工作的,用人单位提前30日书面通知劳动者本人解除合同或额外支付劳动者1个月工资的;

③劳动者不能胜任工作,经过培训或者调整工作岗位仍不能胜任工作的,用人单位提前30日书面通知劳动者本人解除劳动合同或额外支付劳动者1个月工资的;

④劳动合同订立时所根据的客观情况发生重大变化,致使原劳动合同无法履行,经当事人协商不能就变更劳动合同达成协议的,用人单位提前30日通知劳动者本人解除劳动合同或额外支付劳动者1个月工资的;

⑤用人单位依照企业破产法规定进行重整,依法裁减人员的;

⑥用人单位生产经营发生严重困难,依法裁减人员的;

⑦企业转产、重大技术革新或者经营方式调整,经变更劳动合同后,仍需裁减人员,依法裁减人员的;

⑧其他因劳动合同订立时所根据的客观经济情况发生重大变化,致使劳动合同无法履行,依法裁减人员的;

⑨除用人单位维持或提高劳动合同约定条件续订劳动合同,劳动者不同意续订的情形外,劳动合同期满终止固定期限劳动合同的;

⑩因用人单位被依法宣告破产而终止劳动合同的;

⑪因用人单位被吊销营业执照、责令关闭、撤销或者用人单位决定提前解散而终止劳动合同的。

(2)由劳动者提出解除劳动合同,并符合如下条件之一的:

①用人单位未按照劳动合同约定提供劳动保护或者劳动条件;

②用人单位未及时足额支付劳动报酬;

③用人单位低于当地最低工资标准支付劳动者工资;

④用人单位未依法为劳动者缴纳社会保险费;

⑤用人单位的规章制度违反法律、法规的规定,损害劳动者权益;

⑥用人单位以欺诈、胁迫的手段或者乘人之危,使劳动者在违背真实意思的情况下订立或者变更劳动合同;

⑦用人单位免除自己的法定责任,排除劳动者权利,导致劳动合同无效的;

⑧违反法律、行政法规强制性规定,导致劳动合同无效的;

⑨用人单位以暴力、威胁或者非法限制人身自由的手段强迫劳动;

⑩用人单位违章指挥、强令冒险作业危及劳动者人身安全。

法律、行政法规规定的其他情形。

本案中,李某的情况属于上述的由用人单位提出解除劳动合同中的第9种情况,可以领取经济补偿金。

24. 经济补偿金如何计算

案例

马某是某出国留学教育培训中心市场专员,已经工作3年。劳动合同期满后,单位提出续订劳动合同,但要求马某到外地工作,并降低了马某的工资,马某不同意劳动合同条件,遂向单位提出解除劳动合同,单位也同意了他的辞职申请。马某领取经济补偿金的具体数额应如何确定呢?

解析

马某的经济补偿金,将根据他的工作年限、工作标准与上限等标准来确定。

我国法律为了充分保证劳动者的合法权益,保障他们能有一个稳定的工作环境,特别规定了经济补偿金这一法律内容。

根据我国《劳动合同法》第47条的规定,用人单位与劳动者解除劳动合同时,支付经济补偿金的计算方式如下:

以劳动者在本单位工作的年限来计算,每满1年支付1个月工资的经济补偿标准向劳动者支付。6个月以上不满1年的,按1年计算;不满6个月的,向劳动者支付半个月工资的经济补偿。

应该注意:法律条文中"本单位工作的年限",不是指"本单位连续工作年限",即使劳动关系有中断,也可以合并计算工作年限。

经济补偿金的工资基数计算标准,是指企业正常生产情况下劳动者解除合同前12个月的月平均工资。这里的工资是指劳动者的应得工资,一般包括:计时工资、计件工资、奖金、津贴和补贴、加班加点工资、特殊情况下支付的工资。实践中,很多用人单位以劳动者的所谓"最低工资"或者"基本工资"作为工资计算基数是不合法的。

劳动者的月平均工资低于企业月平均工资的，按企业月平均工资的标准支付。劳动者月工资高于用人单位所在直辖市、设区的市级人民政府公布的本地区上年度职工月平均工资 3 倍的，向其支付经济补偿的标准按职工月平均工资 3 倍的数额支付，向其支付经济补偿的年限最高不超过 12 年。

我国《劳动合同法》仅对高收入者经济补偿作了补偿年限和补偿基数的限制，对普通劳动者是没有限制的，只要劳动者月工资不高于用人单位所在直辖市、设区的市级人民政府公布的本地区上年度职工月平均工资的 3 倍，就不存在“3 倍”和“12 年”的计算封顶。

本案中，根据在单位的工作年限，马某可以领取 3 个月的经济补偿金，具体计算标准按照上述法律规定来计算。

▶ 25. 单位不给加班工资，员工是否可以申请劳动仲裁

案例

冯某所在工厂要求冯某和同事加班工作，每人每天工作最少 12 小时，每 2 周只休息 1 天。加了 3 个月班的冯某，没有拿到 1 分钱的加班费，也没有得到任何调休、换休的通知。冯某认为，单位应该按照法律规定办事，要求工厂支付加班费，但是遭到了工厂人事主管的拒绝。冯某十分生气，他可否申请劳动仲裁？

解析

本案中冯某可以申请劳动仲裁。

劳动仲裁，是指由劳动争议仲裁委员会对当事人申请仲裁的劳动争议居中公断与裁决。在我国，劳动仲裁是劳动争议当事人向人民法院提起诉讼的必经程序。

根据《劳动争议调解仲裁法》第 2 条的规定以及《劳动法》、最高人民

法院《关于审理劳动争议案件适用法律若干问题的解释》、最高人民法院《关于审理劳动争议案件适用法律若干问题的解释(二)》、《劳动人事争议仲裁办案规则》等相关规定,劳动争议可以申请劳动仲裁,具体有以下数项:

(1)因确认劳动关系发生的争议;

(2)因订立、履行、变更、解除和终止劳动合同发生的争议;

(3)因除名、辞退和辞职、离职发生的争议;

(4)因工作时间、休息休假、社会保险、福利、培训以及劳动保护发生的争议;

(5)因劳动报酬、工伤医疗费、经济补偿或者赔偿金等发生的争议;

(6)因用人单位对劳动者单方面实施行政处分和经济处罚(一次性罚款)等惩戒影响实体劳动报酬权益享受而发生的争议;

(7)因履行集体合同发生的争议;

(8)因终止事实上的劳动关系发生的争议;

(9)因劳动者人事(职工)档案转递发生的争议;

(10)因劳动者社会保险关系转移发生的争议;

(11)因收取或变相收取劳动者押金、保证金、风险抵押金等财物发生的争议;

(12)因扣押劳动者居民身份证、学历证、学位证、职称证书、职业资格证书等证件发生的争议;

(13)法律、法规、规章和司法解释规定依法应当受理的其他争议。

本案中,冯某所申请的要求单位支付加班费属于上述规定的情况,是可以申请劳动仲裁的。冯某可以通过申请劳动仲裁来维护自己的合法权益。

▶ 26. 对提起劳动仲裁的时效，法律如何规定

案例

陈某是某建筑工地的工人，长期从事高危工作。由于单位防护设备不到位，陈某在安装窗户的时候不慎跌落，严重骨折，需要住院一年半才能康复。住院期间，陈某的单位拒绝支付医疗费，声称骨折是陈某自己的失误导致的，应该由陈某自己负责，与单位无关。陈某与单位协商无果后想申请劳动仲裁，但是自己的病要养一年半才能好，他担心过了时效就无法维护自己的权益。解决劳动纠纷在时间上有什么限制？

解析

本案主要涉及解决劳动纠纷的时效的法律问题。

申请劳动仲裁是有时间限制的，在法定的时效期间届满之后，权利人行使请求权的，法律就不再予以保护。根据《劳动争议调解仲裁法》第 27 条的规定，劳动争议申请仲裁的时效期间为 1 年。仲裁时效期间从当事人知道或者应当知道其权利被侵害之日起计算。即当事人应当在知道或者应当知道自己的权利受到侵害之日起 1 年内，向劳动仲裁委员会申请仲裁。前款规定的仲裁时效，因当事人一方向对方当事人主张权利，或者向有关部门请求权利救济，或者对方当事人同意履行义务而中断。从中断时起，仲裁时效期间重新计算。因不可抗力或者其他正当理由，当事人不能在本条第 1 款规定的仲裁时效期间申请仲裁的，仲裁时效中止。从中止时效的原因消除之日起，仲裁时效继续计算。劳动关系存续期间因拖欠劳动报酬发生争议的，劳动者申请仲裁不受 1 年的仲裁时效期间的限制；但是，劳动关系终止的，应当自劳动关系终止之日起 1 年内提出。

发生劳动纠纷必须先提交劳动仲裁委员会，仲裁不服之后才能到法院提起诉讼。根据《劳动法》第 83 条的规定，如果劳动者对仲裁裁决不

服,可以自收到仲裁裁决之日起15日内向人民法院起诉。如果仲裁机构以其他理由作出不予受理的裁决,当事人可以凭该书面裁决在15日内向人民法院提起诉讼。可见,在劳动纠纷解决这一方面,无论是仲裁,还是起诉,都有一定的时间限制。超过了这个时限,仲裁机构将不予受理,人民法院受理后也会作出驳回起诉的判决。也就是说,如果不及时提起仲裁、起诉,劳动者就无法通过这些途径来保护自己的权利。

本案中,陈某在住院期间仲裁时效中止,出院后继续计算仲裁时效。陈某应该按照上述规定的时效,及时提起劳动仲裁来维护自己的合法权益。

▶ 27. 公司欠薪,员工已经起诉至人民法院,可以适用一审终审吗

案例

刘某是某物业公司的小区设备维修服务人员,平日里工作很辛苦,加班是家常便饭,但物业公司从来没有向刘某支付加班工资。后来,由于小区业主对该物业公司的服务水平不甚满意,许多业主开始欠缴物业费,物业公司便以业主不缴纳物业费为由,拖欠了刘某3个月的工资。现在刘某和该物业公司的劳动合同纠纷已经诉至人民法院。刘某希望法院能够尽快审结该案。他想知道,劳动纠纷案件,法院是否可以一审终审?

解析

根据《民事诉讼法》第162条的规定,基层人民法院和它派出的法庭审理符合《民事诉讼法》第157条第1款规定的简单民事案件,标的额为各省、自治区、直辖市上年度就业人员年平均工资30%以下的,实行一审终审。根据《民事诉讼法》第157条第1款的规定,基层人民法院和它派

出的法庭审理事实清楚、权利义务明确、争议不大的简单的民事案件，适用简易程序。

本案中，如果物业公司所欠刘某的3个月工资为所在省、自治区、直辖市上年度就业人员年平均工资的30%以下，法院可以实行一审终审，刘某可以尽快追回拖欠工资。

第四篇
合　　同

▶ 1. 没有代理权限的人，签订的合同是否成立

案例

郑某的公司是一家仪表生产公司，与某仪表销售公司建立了长久的合作关系。王某是该销售公司的业务代表，常拿着事先盖好公章的空白合同和仪表生产公司进行业务往来。2017 年 3 月，郑某向该销售公司催要一笔货款的时候，却被该销售公司告知王某早在半年前就已经辞职，公司也并未收到账单上所写的相关仪表产品，因此拒绝支付货款。业务员王某经手的空白盖章合同，销售公司不予认可怎么办？

解析

根据《民法典》第 172 条的规定，行为人没有代理权、超越代理权或者代理权终止后，仍然实施代理行为，相对人有理由相信行为人有代理权的，代理行为有效。这里的代理就是表见代理。一般来说，表见代理是指对于无权代理人的代理行为，善意相对人有理由相信其有代理权，因而可以向被代理人主张权利。本案中，仪表公司长期和销售公司员工王某从事业务上的往来，并且都是由王某提供盖好公司公章的空白合同，进行相关签约事项，由此可知，仪表公司完全有理由相信王某有代理权限。现在出现问题，责任理应由销售公司承担。

▶ 2. 合同一方提供商品的虚假情况导致对方损失，有何责任

案例

某物业公司通过招标投标的方式，和某小区签订了委托合同。该小区特别要求，必须安装全天 24 小时的监控设备。为了满足该小区的要求，物业公司在某电脑城的一家科技公司订购了一批监控级大容量静音硬盘。在连续使用了半年后，因散发热量过大造成电脑故障，导致物业公

司监控电脑中的硬盘数据报废,直接损失数万元。事后,通过鉴定,该批硬盘并非监控级硬盘,只是普通硬盘,物业公司的损失如何赔偿?

解析

根据《民法典》第500条的规定,当事人在订立合同过程中故意隐瞒与订立合同有关的重要事实或者提供虚假情况,造成对方损失的,应当承担赔偿责任。

本案中,由于科技公司以普通硬盘冒充监控级硬盘,并在使用过程中造成物业公司的损失,根据上述规定,科技公司应当承担赔偿物业公司损失的责任。

3. 约定由第三人履行债务的合同责任如何承担

案例

冯某的印刷厂决定引进最新式胶印机,用于生产经营。不久,印刷厂和某印刷机代理商签订了一份买卖8台印刷机的合同,约定由某印刷机生产商直接向冯某的印刷厂供货。冯某在接收其中的5台印刷机之后,又承接了数批印刷图书的业务,可就在冯某等待另外3台印刷机供货的过程中,突然接到印刷机生产商的通知:因和代理商有经济上的纠纷,决定停止向冯某继续供货。冯某因此遭受的损失应由谁赔偿?

解析

根据《民法典》第523条的规定,当事人约定由第三人向债权人履行债务,第三人不履行债务或者履行债务不符合约定的,债务人应当向债权人承担违约责任。由此可知,本案中当事人约定由印刷机生产商向买方发货履行合同,但在履行过程中,因合同债务人代理商与第三人印刷机生产商发生纠纷,导致第三人印刷机生产商拒绝向买方履行合同,由此造成的损失,应当由代理商承担。

▶ 4. 债务人怠于行使到期债权怎么处理

案例

甲公司是一家皮鞋生产公司,2016 年 1 月,与甲公司长期合作的中间商突然找到甲公司,声称因将资金借给另一家皮质公司,所以资金周转出现困难,现今向甲公司借款 100 万元,约定半年后归还。鉴于该中间商一直与甲公司有良好的合作关系,在未办理任何担保的情况下,甲公司便将 100 万元借给该中间商。借款到期后,经甲公司多次催要无果,遂派人上门索要,但令甲公司震惊的是,该皮质公司是中间商负责人亲戚开的一家公司,皮质公司所欠中间商的 200 万元货款早已到期,但中间商并没有及时向皮质公司主张债权,一直拖欠甲公司欠款。甲公司该如何解决此事?

解析

我国《民法典》第 535 条第 1 款规定,因债务人怠于行使其债权或者与该债权有关的从权利,影响债权人的到期债权实现的,债权人可以向人民法院请求以自己的名义代位行使债务人对相对人的权利,但是该权利专属于债务人自身的除外。

本案中,甲公司完全可以以自己的名义向当地的人民法院起诉,要求皮质公司偿还欠款。

▶ 5. 合同签订后能否撤销

案例

陈某与李某合伙投资项目,李某声称自己有一个市政支持的投资项目,如果陈某想参与,可以算陈某一份。陈某决定,在去投资项目实地考察之后与对方签订投资合同。可来到投资项目所在地后,陈某感觉投资项目并没有什么前途。在准备告辞的时候,陈某却被一帮黑衣人控制住。黑衣人声称,如果当天不签投资合同,就别想出这道门。陈某为了自保,只能被迫签订了投资合同。陈某签订的合同可否被撤销?

解析

根据我国《民法典》第147~151条的规定,下列情形,当事人一方有权请求人民法院或者仲裁机构变更或者撤销:(1)基于重大误解实施的民事法律行为;(2)一方以欺诈手段,使对方在违背真实意思的情况下实施的民事法律行为;(3)第三人实施欺诈行为,使一方在违背真实意思的情况下实施的民事法律行为,对方知道或者应当知道该欺诈行为的;(4)一方或者第三人以胁迫手段,使对方在违背真实意思的情况下实施的民事法律行为;(5)一方利用对方处于危困状态、缺乏判断能力等情形,致使民事法律行为成立时显失公平的。

此外,《民法典》第152条同时还规定,有下列情形之一的,撤销权消灭:(1)当事人自知道或者应当知道撤销事由之日起1年内、重大误解的当事人自知道或者应当知道撤销事由之日起90日内没有行使撤销权;(2)当事人受胁迫,自胁迫行为终止之日起1年内没有行使撤销权;(3)当事人知道撤销事由后明确表示或者以自己的行为表明放弃撤销权。当事人自民事法律行为发生之日起5年内没有行使撤销权的,撤销权消灭。

本案中,陈某发现所考察的投资项目并不理想,在不准备进行投资的时候,却被对方以胁迫的方式签订了合同,属于法律规定的可撤销情形,陈某可以向人民法院或者仲裁机构主张行使撤销权。

▶ 6. 债务人低价转让财产，债权人该如何处理

案例

韩某在某服装批发市场做童装批发兼零售业务，于某经常大量从韩某的公司购进服装，为了资金流动方便，韩某和于某商定服装货款半个月一结。但令韩某没想到的是，两个月前于某从韩某公司拉走了价值50万元的货品后，便一直以各种理由推脱，拒绝付款。后在韩某公司的业务员上门催款之时，发现于某竟然将自己名下一套价值30万元的门面房以10万元的价格低价出售给了别人。韩某该如何解决此事？

解析

《民法典》第538条规定："债务人以放弃其债权、放弃债权担保、无偿转让财产等方式无偿处分财产权益，或者恶意延长其到期债权的履行期限，影响债权人的债权实现的，债权人可以请求人民法院撤销债务人的行为。"

本案中，债务人于某在拒绝还款的情况下，还将自己一套价值30万元的房屋以10万元的价格转让，如果受让人知情，债权人可以依法请求人民法院撤销该低价转让行为。

▶ 7. 网购包裹丢失，谁来承担责任

案例

小丁在网上购买了价值1000元的项链，一周过去了，项链还是没有收到。小丁查看网上的物流信息，才发现已经签收了，可是她并没有收到货物。小丁联系了卖家，卖家回复是快递公司将货物弄丢了。小丁的损失由谁来承担？

解析

《民法典》第 832 条规定:"承运人对运输过程中货物的毁损、灭失承担赔偿责任。但是,承运人证明货物的毁损、灭失是因不可抗力、货物本身的自然性质或者合理损耗以及托运人、收货人的过错造成的,不承担赔偿责任。"

本案是一起典型的网络购物货物丢失风险如何承担的问题,货物风险自交承运人时起转移,除非当事人之间另外有约定。从本案中,并未看到此类约定内容,作为承运人的快递公司并未将货物送到消费者手中,也表明了并不存在法定免责条款的情形,即不存在不可抗力、货物本身自然性质或者合理损耗等因素,因此,该货物丢失的责任应当由快递公司承担。

卖家可以先与买家商量,在买家同意的情况下,给买家重新补发一份包裹。如果买家不同意,只能让买家申请退款处理。卖家可以向快递公司追偿。

▶ 8. 卖方迟延过户,买方能否解除该房屋买卖合同

案例

小米打算购买一套二手房,并与卖方通过中介签订了房屋买卖合同,支付了定金 50 万元,之后又支付了首付款。当约定过户的日期来临,卖家却失去了联络。随后,中介与卖家取得了联系,卖家总以各种理由推脱。小米担心错过了买房的好时机,希望解除该房屋买卖合同,购买其他房子。小米能否解除合同?

解析

《民法典》第 563 条规定,有下列情形之一的,当事人可以解除合同:(1)因不可抗力致使不能实现合同目的;(2)在履行期限届满前,当事人

一方明确表示或者以自己的行为表明不履行主要债务;(3)当事人一方迟延履行主要债务,经催告后在合理期限内仍未履行;(4)当事人一方迟延履行债务或者有其他违约行为致使不能实现合同目的;(5)法律规定的其他情形。以持续履行的债务为内容的不定期合同,当事人可以随时解除合同,但是应当在合理期限之前通知对方。

本案中,小米与卖家签订了房屋买卖合同,就受合同的约束。双方约定了过户的日期,卖家却一直拖延,严重违反了合同的约定,属于当事人一方迟延履行主要债务,经买房人催告后,在合理期限仍未履行的情况。在这种情况下,买房人小米可以选择行使合同解除权,解除双方的买卖合同。

▶ 9.合同解除有哪些法律后果

案例

杨某在某农贸市场开了一间粮油店,同时也为本市部分小蛋糕店提供食品原料。由于市场饱和,很多小蛋糕店纷纷倒闭,而与杨某有生意往来的某蛋糕店虽然尚在经营,但杨某还是非常担心。为了避免因该蛋糕店倒闭而连累自己亏损,杨某可以解除供货合同吗?

解析

《民法典》第566条第1款规定:“合同解除后,尚未履行的,终止履行;已经履行的,根据履行情况和合同性质,当事人可以请求恢复原状或者采取其他补救措施,并有权请求赔偿损失。”由此可知,如果杨某擅自和蛋糕店解除合同,应当承担赔偿损失的责任。

▶ 10.提存货物是否意味着已经履行了合同

案例

张某有一家经营蔬菜水果批发业务的公司。王某在本市经营了几家连锁超市,从张某处批发大量蔬菜水果。两个月前,王某又和张某签订了10万元的水果批发合同,但是待张某准备向王某发货之时,却一直联系不上王某。有消息说王某因为犯了事,“跑路”了。由于水果属于易腐烂变质的产品,为了避免扩大损失,张某可以提存这批货物吗?

解析

根据《民法典》第570条的规定,债权人下落不明,难以履行债务的,债务人可以将标的物提存。此外,根据《民法典》第557条的规定,债务人依法将标的物提存,债权债务终止。

本案中,由于张某一直联系不上王某,只要张某将水果进行提存,就属于履行了合同。

▶ 11. 卖家因所需原料上涨拒绝交货,该如何承担赔偿责任

案例

某互联网公司多年来针对网络安全问题,提供相关的解决方案。应政府相关部门要求,该公司向其提供更高安全级别的解决方案。为了满足要求,该互联网公司向某电脑制造商订购了一批具有特殊要求和配置的X型号电脑。后来因制作该电脑配件的原材料价格突然上涨,该电脑制造公司拒绝履行合同。该互联网公司只好向另一家电脑制造公司高价订购了X型号的电脑。该互联网公司由于更换X型号电脑制造商所造成的损失,该如何解决?

解析

根据《民法典》第563条、第577条的规定,在履行期限届满之前,当事人一方明确表示不履行主要债务的,另一方当事人可以解除合同。当事人一方不履行合同义务或者履行合同义务不符合约定的,应当承担继

续履行、采取补救措施或者赔偿损失等违约责任。

本案中,因电脑硬件价格上涨,电脑制造商拒绝继续履行合同,直接导致某互联网公司从另一家公司高价订购相关电脑产品。互联网公司可以解除合同,由此产生的费用差价,应当由该电脑制造商承担。

▶ 12. 合同相关条款如何补充

案例

马某的公司通过竞标拿下了某大型楼盘第一期的装修设计工作,在马某高兴之余,马某公司的员工告诉他,本公司竞标获得某大型楼盘的装修设计工作合同中,对于装修设计使用材料、结算款项等内容并没有作具体的约定,一旦出现纠纷,本公司有可能吃亏。马某的公司该如何对相关条款进行补充?

解析

《民法典》第510~511条规定:合同生效后,当事人就质量、价款或者报酬、履行地点等内容没有约定或者约定不明确的,可以协议补充;不能达成补充协议的,按照合同相关条款或者交易习惯确定。当事人就有关合同内容约定不明确,依据前条规定仍不能确定的,适用下列规定:(1)质量要求不明确的,按照强制性国家标准履行;没有强制性国家标准的,按照推荐性国家标准履行;没有推荐性国家标准的,按照行业标准履行;没有国家标准、行业标准的,按照通常标准或者符合合同目的的特定标准履行。(2)价款或者报酬不明确的,按照订立合同时履行地的市场价格履行;依法应当执行政府定价或者政府指导价的,依照规定履行。(3)履行地点不明确,给付货币的,在接受货币一方所在地履行;交付不动产的,在不动产所在地履行;其他标的,在履行义务一方所在地履行。(4)履行期限不明确的,债务人可以随时履行,债权人也可以随时请求履行,但是应当给对方必要的准备时间。(5)履行方式不明确的,按照有利于实现合同目的的方式履行。(6)履行费用的负担不明确的,由履行义务一方负担;因债权人原因增加的履行费用,由债权人负担。

本案中,马某可以根据上述法律规定,对合同内容进行补充。

▶ 13. 冰箱用了一个多月就不制冷了,怎么办

案例

小美购买的冰箱才用了一个月,冷冻室就不制冷了。小美联系了厂家,希望可以更换一台新冰箱。厂家认为是小美使用不当造成的,如果要退换,需要小美去检测。厂家的要求合法吗?

解析

根据《消费者权益保护法》第23条第3款的规定,经营者提供的机动车、计算机、电视机、电冰箱、空调器、洗衣机等耐用商品或者装饰装修等服务,消费者自接受商品或者服务之日起6个月内发现瑕疵,发生争议的,由经营者承担有关瑕疵的举证责任。

本案中,冰箱有无质量问题,应由商家来举证,这就为买家维权提供了极大的便利,增加买家胜诉的概率,鼓励买家在发生纠纷后积极维权。但需要注意的是,适用举证责任倒置的,仅限于法律规定的机动车等耐用商品或者装饰装修等服务,而且有6个月的时间限制。所以,买家在发现商品有质量问题时,应积极及时维权。

▶ 14. 合同未续签,租户继续交房租,房东解约是否合理

案例

李某工作之后,在单位附近租住了一套房子,租金每月2000元。李某和房东签订了一年的合同,并且一直通过银行转账来支付租金。合同

到期后,房东同意继续租给李某一年,李某也一直给房东转账,但双方并未续签书面的租赁合同。又过了半年,李某接到房东的电话,房东打算把房子收回去,重新装修一下,希望李某能够重新找房子。李某因为住得习惯了,而且租金合适,不想搬走,但是房东态度强硬。李某认为双方还有半年的租期,房东却说,没有签订合同不算数。房东的要求合法吗?

解析

《民法典》第730条规定:"当事人对租赁期限没有约定或者约定不明确,依据本法第五百一十条的规定仍不能确定的,视为不定期租赁;当事人可以随时解除合同,但是应当在合理期限之前通知对方。"

本案中,双方并未续签书面的租赁合同,只是按照以前的租金继续支付和受领,应视为不定期租赁合同,承租人和房主均可以随时解除合同,但出租人解除合同,应当在合理期限之前通知承租人。所以,李某的房东可以随时解除合同,但要给李某预留合理期限。

15. 租住的房屋甲醛严重超标,租户能否解除租赁合同

案例

王某为了方便上班,在公司附近承租了吴某新装修的一套两居室。王某住进去1个月之后,便出现皮疹和失眠的症状。王某怀疑房屋装修后甲醛超标,于是聘请了专业的鉴定人员,对房屋进行了室内环境鉴定,结果显示该房屋的甲醛超过国家标准数倍,属于严重超标。为此,王某向吴某提出解除房屋租赁合同的要求,但吴某不同意。王某能否解除此房屋租赁合同?

解析

根据《民法典》第731条的规定,租赁物危及承租人的安全或者健康

的,即使承租人订立合同时明知该租赁物质量不合格,承租人仍然可以随时解除合同。

本案中,租赁物即吴某新装修的房屋,被专业的鉴定机构检测出甲醛严重超标,根据上述规定,王某可以解除与吴某的房屋租赁合同,吴某也应当退还先前收取的租金和押金等费用。

▶ 16. 租期未到,房主把房子卖了,要求承租人搬走怎么办

案例

为了孩子上学方便,小南一家在学校附近租了一套房子,与房主签订了3年的租赁合同。2017年房价大涨,房主打算把房子出售,小南也积极配合看房。不到半个月,这套房子就被卖出去了。随后,房主也并未提及房子卖了以后有什么变动。过了两个月,房主打来电话,要求小南一家人一周内搬走。因租期还有半年,小南不同意。小南可以继续承租吗?

解析

最高人民法院《关于审理城镇房屋租赁合同纠纷案件具体应用法律若干问题的解释》第20条规定:租赁房屋在租赁期间发生所有权变动,承租人请求房屋受让人继续履行原租赁合同的,人民法院应予以支持。但租赁房屋具有下列情形或者当事人另有约定的除外:(1)房屋在出租前已设立抵押权,因抵押权人实现抵押权发生所有权变动的;(2)房屋在出租前已被人民法院依法查封的。

本案中,小南租住的房屋不存在法律规定的例外情况,所以,该房屋即使发生了所有权变动,小南仍然有权在租赁期内居住。

17. 承租人对租住的房屋是否享有优先购买权

案例

陈某一直租住着张某的房屋，多年来一直相安无事，最近由于张某准备在某繁华地带购置一套房屋，所以告知陈某他有卖房的打算，并让陈某配合中介让买家看房。陈某对这套房屋已经有了感情，并且自己也准备买房，所以便向张某表达了自己想购买这套房屋的意愿。但有一个问题是，张某的这套房屋上面存在某银行的抵押权，陈某是否享有优先于抵押权的购买权？

解析

最高人民法院《关于审理城镇房屋租赁合同纠纷案件具体应用法律若干问题的解释》第22条规定："出租人与抵押权人协议折价、变卖租赁房屋偿还债务，应当在合理期限内通知承租人。承租人请求以同等条件优先购买房屋的，人民法院应予支持。"

本案中，房屋承租人陈某享有优先购买权。

18. 借款人不按照借款用途使用借款，会承担什么责任

案例

祝某和某银行签订了一份用于开办高新技术企业的50万元贷款，就在紧锣密鼓筹办企业的过程中，银行突然通知祝某要解除贷款合同，理由是祝某将贷款中的30万元用于债务偿还。银行是否能够以此理由解除该贷款合同？

解析

《民法典》第673条规定："借款人未按照约定的借款用途使用借款

的,贷款人可以停止发放借款、提前收回借款或者解除合同。”

本案中,银行完全有权利解除该贷款合同。

▶ 19. 民间借贷未约定利息,可否要求支付利息

案例

杨某向舅舅借了10万元用于购置婚房,当时只是打了一张借条,上面除了注明什么时候返还外,并没有注明其他内容。现在因为和舅舅家闹纠纷,舅舅上门索要欠款和利息。杨某是否有义务支付利息?

解析

《民法典》第680条第3款规定:“借款合同对支付利息约定不明确,当事人不能达成补充协议的,按照当地或者当事人的交易方式、交易习惯、市场利率等因素确定利息;自然人之间借款的,视为没有利息。”

本案中,借款合同没有约定借款利息,杨某不需要向其舅舅支付利息。

▶ 20. 债务人为逃避债务,将财物赠与他人,怎么办

案例

郭某因经营饭店需要,与好友李某签订了借款合同。合同写明:李某借钱给郭某,借期半年。合同到期后,郭某却迟迟不还钱,李某遂到饭店找郭某,却发现饭店已经停业。郭某称饭店亏损无力还钱,李某便提出用店内的冰箱、空调等电器抵债,郭某称这些电器已送给了母亲,并拿出赠与书给李某看。李某可以请求人民法院认定郭某的赠与行为无效吗?

解析

本案涉及的主要是撤销权问题。

撤销权是合同保全制度中的一项内容。债具有相对性,即债权仅发生在特定的债权人与债务人之间。但在特殊情况下,法律为保障债权人的利益,确认债权可以产生对第三人的效力,即债权的对外效力,这种效力集中表现在合同的保全制度上。合同的保全,是指法律为防止因债务人的财产不当减少而给债权人的债权带来危害,允许债权人对债务人或第三人的行为行使撤销权或代位权。

撤销权即债权人的撤销权,是指当债务人放弃对第三人的债权,实施无偿或低价处分财产的行为而有害于债权人的债权时,债权人可以依法请求法院撤销债务人所实施的行为。撤销权的构成要件是:(1)债务人实施了放弃对第三人的债权、无偿或低价处分财产的行为。(2)上述行为对债权人的债权造成危害。(3)低价处分财产时,债务人与第三人具有恶意。(4)债权人向人民法院请求撤销上述行为。

《民法典》对撤销权进行了规定。《民法典》第 538 ~ 539 条规定:债务人以放弃其债权、放弃债权担保、无偿转让财产等方式无偿处分财产权益,或者恶意延长其到期债权的履行期限,影响债权人的债权实现的,债权人可以请求人民法院撤销债务人的行为。债务人以明显不合理的低价转让财产、以明显不合理的高价受让他人财产或者为他人的债务提供担保,影响债权人的债权实现,债务人的相对人知道或者应当知道该情形的,债权人可以请求人民法院撤销债务人的行为。此外,《民法典》第 541 条规定:撤销权自债权人知道或者应当知道撤销事由之日起 1 年内行使。自债务人的行为发生之日起 5 年内没有行使撤销权的,该撤销权消灭。

本案中,郭某因饭店亏损,无力以现金偿还李某债务。他将饭店内电器无偿赠与其母亲的行为有害于李某的债权。因此,李某有权在知道撤销事由之日起 1 年内行使撤销权,请求人民法院认定郭某转让电器的行为无效,但李某行使权利的范围仅以其债权为限。

▶ 21. 不当得利应否返还

案例

吴某从高某处借款5000元,为了节省转账成本,高某告知吴某去本市开一张某银行的借记卡,但由于吴某的身份证正在补办中,所以不方便在高某指定的某银行开账户。为了方便转账,吴某便求助同学陈某,让陈某代为收取高某转账过来的5000元钱。在高某通知其已经完成转账之后,陈某却并不承认自己账户中的5000元钱是高某转账过来的,因此拒绝向吴某支付。对此,吴某该如何解决?

解析

这是一起不当得利纠纷。不当得利,指的是在没有合法根据或者在事后丧失了合法根据的情况下,而被确认为因致他人遭受损失而获得利益,应当负返还义务。根据《民法典》第987条的规定,得利人知道取得的利益没有法律根据,应返还该利益给受损失的人。

本案中,还涉及对不当得利的举证问题。根据本案陈述的事实,貌似这笔钱是通过同学的账户代收的,但如果进行到诉讼阶段,吴某必须举证证明其主张的陈某账户中的5000元钱是高某借给吴某自己的,陈某只是一个代收人,否则,就会承担败诉的风险。

▶ 22. 中介人有何权利

案例

徐某是某地产中介的员工,林某夫妇准备购买一套当地的学区房,希望徐某能找一套可靠的房源。林某夫妇通过徐某的介绍,看了不下十几套房子,但一直未找到理想的学区房,便决定换一家中介。徐某得知林某夫妇准备更换中介,便向林某夫妇索要"看房服务费"。林某夫妇以徐某作为房产中介未促其达成房屋购买合同为由，拒绝支付相关报酬。居间人获得报酬是否必须以促成双方达成房屋购买合同为必要条件？

解析

根据《民法典》第963～964条的规定，中介人享有请求支付报酬权和请求偿还中介活动费用权。

（1）请求支付报酬权

中介合同是有偿合同，中介人在委托人和合同相对人之间促成合同成立，有权向委托人或其相对人请求支付约定的报酬的权利。《民法典》第963条规定：中介人促成合同成立的，委托人应当按照约定支付报酬。对中介人的报酬没有约定或者约定不明确，依据《民法典》第510条的规定仍不能确定的，根据中介人的劳务合理确定。因中介人提供订立合同的媒介服务而促成合同成立的，由该合同的当事人平均负担中介人的报酬。中介人促成合同成立的，中介活动的费用，由中介人负担。

（2）请求偿还中介活动费用权

中介人未促成合同成立，有权要求委托人支付活动费用。《民法典》第964条规定，中介人未促成合同成立的，不得请求支付报酬；但是，可以按照约定请求委托人支付从事中介活动支出的必要费用。

本案中，林某夫妇应当向徐某支付因提供二手房居间服务所支出的必要费用。

▶ 23. 理财产品保底条款有效吗

案例

某社区退休居民高某，准备购买某金融公司推出的“无忧快乐”型基金理财产品。基金推销员告知高某，这款基金理财产品有保底条款，没有任何风险。基金理财产品的保底条款是否有效？

解析

现实生活中,部分投资公司为了争取客户和同行进行竞争,往往在投资协议中写入相关“保底条款”,作出给予客户“只赚不赔”的承诺。但《证券投资基金法》第20条规定,公开募集基金的基金管理人及其董事、监事、高级管理人员和其他从业人员,不得向基金份额持有人违规承诺收益或者承担损失;第77条规定,公开披露基金信息,不得违规承诺收益或者承担损失;第103条规定,基金投资顾问机构及其从业人员提供基金投资顾问服务,应当具有合理的根据,对其服务能力和经营业绩进行如实陈述,不得以任何方式承诺或者保证投资收益,不得损害服务对象的合法权益。

本案中,所说的“保底条款”在法律上是被禁止的和无效的。

24. 免费搭顺风车旅游发生交通事故,由谁来承担责任

案例

关某是一位旅游爱好者,想体验一下免费搭顺风车的旅游方式。司机跟关某约定免费搭乘,一旦出现交通事故,后果自负。那么,在现实中出现事故该约定能让司机免责吗?由谁来承担责任?

解析

《民法典》第506条规定,合同中的下列免责条款无效:(1)造成对方人身损害的;(2)因故意或者重大过失造成对方财产损失的。

本案中,这个约定就是一个典型无效的免责条款。该约定含有造成人身伤害免责的条款,属于无效条款,因此并不能规避司机依法应承担的责任。

▶ 25. 免票乘客出现交通事故，由谁来承担赔偿责任

案例

某路公交车，长期来往于两个郊区之间，是两个郊区居民来往的必乘车辆。某天，该车在路经某水库路段之时，与对面驶来的一辆货车相撞，发生交通事故，造成乘客受伤。其中，有一位乘客是根据规定享受免票待遇的乘客。对持票乘客的赔偿基本无争议，因为有保险公司承保。但对于免票乘客，因其并未买票，所以该公交公司拒绝赔偿。该免票乘客准备将公交公司起诉至当地人民法院。公交公司是否需要承担免票乘客的赔偿责任？

解析

《民法典》第823条规定："承运人应当对运输过程中旅客的伤亡承担赔偿责任；但是，伤亡是旅客自身健康原因造成的或者承运人证明伤亡是旅客故意、重大过失造成的除外。前款规定适用于按照规定免票、持优待票或者经承运人许可搭乘的无票旅客。"

本案中，乘客即使是免票乘客，也应由公交公司承担责任。

▶ 26. 李某与某银行的保理合同纠纷，该如何解决

案例

李某注册了一家公司，业务之一就是为饭店配送蔬菜和生鲜，经过几年的积累，也小有实力。现在李某为了扩大生产规模，决定跟某商业银行签订国内保理业务合同，融资用途为扩大生产经营。合同约定，将某餐饮公司对其所欠货款210万元的应收账款债权及相关权利转让给某商业银行，该商业银行将给付这家公司150万元的保理融资。融资期限为3年，该公司以及某餐饮公司与某商业银行共同办理了相关手续，并将购货收货证明、供货合同、发票等材料一并交给某商业银行，且某餐饮公司向银

行书面承诺履行付款责任。同时,某商业银行还在中国人民银行征信中心办理动产权属登记。一切手续办妥后,某商业银行向李某注册的这家公司发放了150万元的融资。3年后,由于经营困难,李某注册的这家公司无力偿还欠款。此保险合同纠纷该如何解决?

解析

《民法典》第761条规定:"保理合同是应收账款债权人将现有的或者将有的应收账款转让给保理人,保理人提供资金融通、应收账款管理或者催收、应收账款债务人付款担保等服务的合同。"第762条规定:"保理合同的内容一般包括业务类型、服务范围、服务期限、基础交易合同情况、应收账款信息、保理融资款或者服务报酬及其支付方式等条款。保理合同应当采用书面形式。"第766条规定:"当事人约定有追索权保理的,保理人可以向应收账款债权人主张返还保理融资款本息或者回购应收账款债权,也可以向应收账款债务人主张应收账款债权。保理人向应收账款债务人主张应收账款债权,在扣除保理融资款本息和相关费用后有剩余的,剩余部分应当返还给应收账款债权人。"

本案中,保理合同纠纷中,共有3个主体,分别是蔬菜、生鲜批发公司,某餐饮公司以及某商业银行。保理合同之所以有效,也是因为建立在蔬菜、生鲜批发公司和某餐饮公司的债权债务合同之上,且三方的意思表示真实有效。现在出现融资贷款不能偿还的情况,该餐饮公司有义务向某商业银行偿还。如果餐饮公司无力还款,那么蔬菜、生鲜公司,将在150万元的债务范围内对上述债务承担回购责任。

27. 搭伙搞项目,出现纠纷后怎么解决

案例

王某、叶某、孙某准备搭伙做某矿产项目,并签订了股东协议,由王某

负责该项目的设计、环评、许可证等手续。叶某、孙某按协议约定，向王某支付股款。但由于当地政策的变动，该项目无法获得相应的许可证。现在叶某、孙某要求解除三方签订的股东协议，且要求王某返还投资款项。王某拒绝返还，为此三方产生了纠纷。

解析

《民法典》第967条规定："合伙合同是两个以上合伙人为了共同的事业目的，订立的共享利益、共担风险的协议。"第972条规定："合伙的利润分配和亏损分担，按照合伙合同的约定办理；合伙合同没有约定或者约定不明确的，由合伙人协商决定；协商不成的，由合伙人按照实缴出资比例分配、分担；无法确定出资比例的，由合伙人平均分配、分担。"第978条规定："合伙合同终止后，合伙财产在支付因终止而产生的费用以及清偿合伙债务后有剩余的，依据本法第九百七十二条的规定进行分配。"

本案属于合伙合同纠纷，由于合伙合同目的不能实现，导致终止，王某应当向叶某和孙某返还剩余的投资款项。

28. 有买房意向，就是预约合同吗

案例

王某名下有一套一居室的房子，当初购买的时候，属于过渡居住，现出售该房屋，换一套三居室。中介员赵某找到王某，说某开发商正在出售一批打折房源，刚好有三居室的户型。在赵某的牵线搭桥下，王某向某开发商详细了解该楼盘的具体情况，并以妻子周某的名义交纳了2万元人民币。开发商向王某出具了一张简单的收条，载明："今收到周某交纳的定金2万元。"

后来，由于楼市调控，王某的一居室一直无法出售，所以也打消了换三居室的想法，现在要求开发商退还定金2万元。开发商已以出具的收

条是预约合同为由拒绝退钱,并要求王某继续购买他们的楼盘。该收条是预约合同吗?

解析

《民法典》第495条规定:“当事人约定在将来一定期限内订立合同的认购书、订购书、预订书等,构成预约合同。当事人一方不履行预约合同约定的订立合同义务的,对方可以请求其承担预约合同的违约责任。”

本案中,王某只是在中介的介绍下,来到开发商楼盘处了解楼盘,之后又交纳了2万元定金,并由开发商出具收条。但除此之外,并未签订任何协议,包括法律条文中列举的认购书、订购书等合同,也没有其他证据表明存在具体的口头履约内容,所以本案中简单的收条,并不能成为预约合同。

29. 网络购物,电子合同能否随随便便解除

案例

某网络购物节,刘某在某电商平台看上了一台笔记本电脑,由于平时经常关注这台笔记本电脑的价格,所以他知道在购物节的当天下单,可以便宜1000元钱,这对刘某来说诱惑力很大,于是下单。付款后,也收到了电商平台的订单确认通知邮件。但一天后,原本以为等到电脑的刘某,却意外地收到该电商平台的缺货通知邮件,邮件载明:由于本商品缺货,无法满足购买要求,货款已原路返还至支付渠道。

这让刘某很生气,明明自己已经付款了,但该电商平台却擅自毁约,随随便便撤销了订单,难道电商平台就这么理直气壮吗?

解析

《民法典》第491条规定:“当事人采用信件、数据电文等形式订立合

同要求签订确认书的,签订确认书时合同成立。当事人一方通过互联网等信息网络发布的商品或者服务信息符合要约条件的,对方选择该商品或者服务并提交订单成功时合同成立,但是当事人另有约定的除外。"

本案中,刘某通过某电商平台下单并付款购买了一台笔记本电脑,且收到确认邮件,说明该电子合同已经成立。因而,该电商平台不能随随便便以没货为由撤销该买卖电子合同。

第五篇
人　　格

1. 人格权包括什么内容

案例

王某由于身材比较矮小，经常受到别人的侮辱和白眼，这让他既难受又生气，他准备拿起法律武器保护自己的权利。他享有哪些人格权，如何维护自己的人格权?

解析

《民法典》第990条规定:“人格权是民事主体享有的生命权、身体权、健康权、姓名权、名称权、肖像权、名誉权、荣誉权、隐私权等权利。除前款规定的人格权外，自然人享有基于人身自由、人格尊严产生的其他人格权益。”第991条规定:“民事主体的人格权受法律保护，任何组织或者个人不得侵害。”人格权，指的是为民事主体所固有而由《民法典》直接赋予民事主体所享有的各种人身权利。名誉权，说的是权利人要维护自己人格尊严的权利。

本案中，王某的名誉权受到他人侵害，可以勇敢地拿起法律武器捍卫自己的权利。

2. 侵犯人格权的人，将会承担什么责任

案例

王某在上班实习的时候，同事李某就曾对其指指点点，说王某就是个侏儒。另一个同事也曾跟别人说，王某将来肯定找不着媳妇，谁愿意嫁给一个侏儒呢！这些话传到王某耳中，王某深受打击，他想知道那些侮辱过自己的人，会承担何种法律责任?

解析

《民法典》第995条规定:"人格权受到侵害的,受害人有权依照本法和其他法律的规定请求行为人承担民事责任。受害人的停止侵害、排除妨碍、消除危险、消除影响、恢复名誉、赔礼道歉请求权,不适用诉讼时效的规定。"

本案中,对于那些侮辱过王某的同事,王某可以请求法院依法判决他们承担停止侮辱、赔礼道歉等法律责任。

3. 侵犯人格权的人拒不道歉,该怎么办

案例

张某通过一系列的取证工作,终于拿到了同事赵某以及孙某侮辱其人格的一系列证据。他要求赵某及孙某赔礼道歉,但赵某和孙某均认为自己不应该给张某道歉,张某可以怎样维权?

解析

《民法典》第1000条规定:"行为人因侵害人格权承担消除影响、恢复名誉、赔礼道歉等民事责任的,应当与行为的具体方式和造成的影响范围相当。行为人拒不承担前款规定的民事责任的,人民法院可以采取在报刊、网络等媒体上发布公告或者公布生效裁判文书等方式执行,产生的费用由行为人负担。"

本案中,如果侵权人赵某及孙某拒绝道歉,张某可以向法院起诉,申请法院判令二人在报刊、网络等媒体上公开道歉。

▶ 4. 可以买卖自己的身体器官吗

案例

叶某今年28岁，平日里打扮时尚。最近单位里来了位新同事，原本对叶某献殷勤的同事，开始疏远她。叶某发现这位新同事几乎每天都换不同的高档包包，而周围的同事也都是“包治百病”的包包迷。这让叶某很是失落，为了继续保持自己在同事心中的“地位”，她也决定买高档包包，但一看价格最少是几万元，这让每个月工资只有几千元的叶某非常难受。某天，她听说如果身体上的某个器官本身是有两个的，出售一个也不影响生活。她为了满足虚荣心，决定出售一个器官，用换来的钱财购置一个几万块钱的包包。叶某可以决定售出自己的身体器官吗？

解析

《民法典》第1003条规定：“自然人享有身体权。自然人的身体完整和行动自由受法律保护。任何组织或者个人不得侵害他人的身体权。”第1007条规定：“禁止以任何形式买卖人体细胞、人体组织、人体器官、遗体。违反前款规定的买卖行为无效。”

本案中，叶某的行为是违法的，即使是自己的身体器官，也不能买卖获利。

▶ 5. 擅自利用他人身份证办信用卡，属于侵犯人格权吗

案例

刘某刚大学毕业，在父母的介绍下，入职一家公司当文员。一开始同事还对他很客气，有什么活动也都叫上他，但上班3个月之后，他突然发现同事都开始用异样的眼光看着自己。几经打听才知道，催收公司的人跟用人单位说，刘某拖欠信用卡不还，是个赖账的人。这让刘某真的很尴

尬,刘某从来就没办理过信用卡。通过仔细回忆,刘某想到毕业前夕,同学甄某曾经跟自己借过身份证,说去办什么会员卡,可以领优惠券。后来通过跟银行核实,才发现果然是甄某假借刘某名义,并用刘某的身份证办理信用卡,现在不仅欠了银行的钱,还导致刘某征信受损。

解析

《民法典》第1012条规定:"自然人享有姓名权,有权依法决定、使用、变更或者许可他人使用自己的姓名,但是不得违背公序良俗。"第1014条规定:"任何组织或者个人不得以干涉、盗用、假冒等方式侵害他人的姓名权或者名称权。"

本案中,同学甄某未经刘某同意,擅自利用刘某身份证办理信用卡,并导致刘某欠款且征信受损,是一种严重的侵犯人格权的行为。

6. 网络Vlog很火热,但也要有度有限

案例

高某很喜欢拍摄Vlog题材的短视频,并立志成为一名专业的短视频大V。高某的作品属于探店类短视频,内容主要是今天去某个饭店拍拍美食,明天去某个酒店体验一下高档住宿条件,粉丝很多,在短视频的圈子里小有名气。但2021年5月,高某遇上事了。原来,他在一期酒店探店节目中,未经顾客叶某的同意,将其影像录制在短视频中。视频的发布,让曾经远离前夫骚扰的叶某,被其前夫找到,导致叶某的生活又陷入混乱的境地。现在高某的这期短视频不仅被下架处理,他还要面临被短视频平台处罚和叶某的维权诉求。

解析

《民法典》第1032条规定:"自然人享有隐私权。任何组织或者个人

不得以刺探、侵扰、泄露、公开等方式侵害他人的隐私权。隐私是自然人的私人生活安宁和不愿为他人知晓的私密空间、私密活动、私密信息。”第 1033 条规定,除法律另有规定或者权利人明确同意外,任何组织或者个人不得实施下列行为:(1)以电话、短信、即时通讯工具、电子邮件、传单等方式侵扰他人的私人生活安宁;(2)进入、拍摄、窥视他人的住宅、宾馆房间等私密空间;(3)拍摄、窥视、窃听、公开他人的私密活动;(4)拍摄、窥视他人身体的私密部位;(5)处理他人的私密信息;(6)以其他方式侵害他人的隐私权。

本案中,酒店原本属于私人的休息场所,高某未经叶某同意,将其影像录制到短视频,导致其隐私泄露,被前夫骚扰,出现了网络侵权纠纷。这个案例告诉网络作品创作者,在制作和发布新作品时,一定要有法律意识,尤其是短视频类的节目,未经他人同意,不得将他人的隐私公之于众。

▶ 7. 将恶搞图片发在朋友圈,是侵犯肖像权吗

案例

孙某在一家公司上班,经常在单位摆出一副“倚老卖老”的姿态,好像别的同事都得听他的。最近公司新招聘了一位美工陈某,在广告部工作,由于孙某仗着自己的老资历,没少给新人陈某“穿小鞋”。孙某发现很多同事窃窃私语,还发出笑声,这让孙某很纳闷,后来听别人说,他才知道,陈某竟然利用 PS 技术,将其照片恶搞并配音乐发在朋友圈,这让孙某非常难堪。陈某这种行为,是否侵犯孙某的肖像权?

解析

《民法典》第 1018 条规定:“自然人享有肖像权,有权依法制作、使用、公开或者许可他人使用自己的肖像。肖像是通过影像、雕塑、绘画等方式在一定载体上所反映的特定自然人可以被识别的外部形象。”第

1019条规定:“任何组织或者个人不得以丑化、污损,或者利用信息技术手段伪造等方式侵害他人的肖像权。未经肖像权人同意,不得制作、使用、公开肖像权人的肖像,但是法律另有规定的除外。未经肖像权人同意,肖像作品权利人不得以发表、复制、发行、出租、展览等方式使用或者公开肖像权人的肖像。”

本案中,陈某利用电脑技术,恶搞孙某照片的行为侵犯了孙某的肖像权。

▶ 8.怀疑对方偷钱,在网上散布的行为是否侵犯名誉权

案例

王某和吴某是亲戚关系,原本他俩关系走得很近,逢年过节都会走动,但因为一件事,两人闹掰了。事情是这样的,吴某的孩子生病了,王某带着水果去看望,其实这原本可以增进亲戚间的感情,但王某走后,吴某发现抽屉里少了2000元钱。于是,吴某怀疑是王某偷的,但也没有证据。报警后,也没有任何线索,并且王某矢口否认是自己拿的。吴某对此事耿耿于怀,他认为,除了王某,别人不可能偷。所以他为了出气,就编排了一些内容,散布到网上,通过一些自媒体平台进行了传播,这让王某在别人面前降低了社会评价,很多人都认为王某是个小偷。吴某的这种行为,属于侵犯名誉权吗?

解析

《民法典》第1024条规定:“民事主体享有名誉权。任何组织或者个人不得以侮辱、诽谤等方式侵害他人的名誉权。名誉是对民事主体的品德、声望、才能、信用等的社会评价。”第1025条规定,行为人为公共利益实施新闻报道、舆论监督等行为,影响他人名誉的,不承担民事责任,但是有下列情形之一的除外:(1)捏造、歪曲事实;(2)对他人提供的严重失实

内容未尽到合理核实义务;(3)使用侮辱性言辞等贬损他人名誉。

本案中,吴某没有真凭实据,何况报警之后,也没能破案确定是王某偷钱,在这种情况下,吴某编排王某偷钱的事,并且通过互联网传播,造成了对王某名誉的负面评价,影响很坏,这属于严重侵犯王某名誉权的行为。

9. 擅自购买他人信息,属于违法行为吗

案例

孙某是保险销售人员,为了扩展业务领域和范围,擅自通过互联网某聊天群,购买了大量的社区居民的个人信息,包括身份证号、电话号码、所属行业、居住地址等内容。自从购买到这些个人信息后,孙某每天都给这些被泄露信息的居民拨打电话,推销各种寿险和财险。孙某这种行为,是否属于违法行为?

解析

《民法典》第1034条规定:"自然人的个人信息受法律保护。个人信息是以电子或者其他方式记录的能够单独或者与其他信息结合识别特定自然人的各种信息,包括自然人的姓名、出生日期、身份证件号码、生物识别信息、住址、电话号码、电子邮箱、健康信息、行踪信息等。个人信息中的私密信息,适用有关隐私权的规定;没有规定的,适用有关个人信息保护的规定。"第1038条规定:"信息处理者不得泄露或者篡改其收集、存储的个人信息;未经自然人同意,不得向他人非法提供其个人信息,但是经过加工无法识别特定个人且不能复原的除外。信息处理者应当采取技术措施和其他必要措施,确保其收集、存储的个人信息安全,防止信息泄露、篡改、丢失;发生或者可能发生个人信息泄露、篡改、丢失的,应当及时采取补救措施,按照规定告知自然人并向有关主管部门报告。"

本案中,无论是个人信息的购买者还是出售者,其行为本身都是一种违法行为。个人信息在互联网高速发展的今天,已经成为一种非常有价值的个人财产,泄露个人信息,不再单纯是一种普通民事违法行为,情节恶劣的还是一种犯罪行为。

10. 去世的亲属被他人侮辱的,该怎么办

案例

刘某生前在单位尽职尽责,没少得罪人,去世后,那些曾经被"公事公办"的同事,背地里散播谣言,说刘某是个"贪污犯"。这让刘某的家属备感压力,经常被左邻右舍指指点点。刘某的家属能否替刘某讨个说法呢?

解析

《民法典》第994条规定:"死者的姓名、肖像、名誉、荣誉、隐私、遗体等受到侵害的,其配偶、子女、父母有权依法请求行为人承担民事责任;死者没有配偶、子女且父母已经死亡的,其他近亲属有权依法请求行为人承担民事责任。"

本案中,虽然刘某已经去世,但其人格利益依然受到法律保护;刘某的家属,可以起诉要求侵权人承担民事责任,进而替刘某讨个说法。

第六篇
婚姻家庭继承

▶ 1. 一方想离婚，应该去哪里的法院起诉

案例

某社区居民叶某与王某恋爱结婚，育有一女。由于王某受封建思想影响，重男轻女思想颇为严重，在生育第一个女儿之后，便不顾“剖宫产四年内，最好别怀孕”的医嘱，威逼利诱叶某怀孕。但事与愿违，叶某二胎又产下一名女婴。王某对两个女儿根本不管不顾，只是继续要求叶某怀孕，直到生出男孩为止。叶某至此对丈夫心灰意冷，认为二人之间根本无“互爱、互助”等彼此扶养的夫妻感情。叶某如果打算离婚，可以去哪里的法院起诉？

解析

在我国，关于起诉离婚的立案法院，针对不同情况，有不同的规定，具体内容如下：

（一）在通常情况下，适用原告就被告的原则

（1）《民事诉讼法》第21条第1款规定：“对公民提起的民事诉讼，由被告住所地人民法院管辖；被告住所地与经常居住地不一致的，由经常居住地人民法院管辖。”起诉离婚需要到被告户籍地法院起诉离婚，假如被告不在户籍地，那么就要去被告经常居住地法院（公民的经常居住地是指公民离开住所地至起诉时已连续居住一年以上的地方，但公民住院就医的地方除外）起诉离婚。

（2）最高人民法院《关于适用〈中华人民共和国民事诉讼法〉的解释》（以下简称《民诉解释》）第8条规定：“双方当事人都被监禁或者被采取强制性教育措施的，由被告原住所地人民法院管辖。被告被监禁或者被采取强制性教育措施一年以上的，由被告被监禁地或者被采取强制性教育措施地人民法院管辖。”

(二)在特殊情况下,可适用被告就原告的原则

(1)《民诉解释》第 12 条第 1 款规定:“夫妻一方离开住所地超过一年,另一方起诉离婚的案件,可以由原告住所地人民法院管辖。”

(2)《民诉解释》第 16 条规定:“中国公民双方在国外但未定居,一方向人民法院起诉离婚的,应由原告或者被告原住所地人民法院管辖。”

(三)在具有“涉外”因素的情况下,离婚适用如下规定:

(1)《民诉解释》第 13 条规定:“在国内结婚并定居国外的华侨,如定居国法院以离婚诉讼须由婚姻缔结地法院管辖为由不予受理,当事人向人民法院提出离婚诉讼的,由婚姻缔结地或者一方在国内的最后居住地人民法院管辖。”

(2)《民诉解释》第 14 条规定:“在国外结婚并定居国外的华侨,如定居国法院以离婚诉讼须由国籍所属国法院管辖为由不予受理,当事人向人民法院提出离婚诉讼的,由一方原住所地或者在国内的最后居住地人民法院管辖。”

(3)《民诉解释》第 15 条规定:“中国公民一方居住在国外,一方居住在国内,不论哪一方向人民法院提起离婚诉讼,国内一方住所地人民法院都有权管辖。国外一方在居住国法院起诉,国内一方向人民法院起诉的,受诉人民法院有权管辖。”

(4)《民诉解释》第 16 条规定:“中国公民双方在国外但未定居,一方向人民法院起诉离婚的,应由原告或者被告原住所地人民法院管辖。”

(5)《民诉解释》第 17 条规定:“已经离婚的中国公民,双方均定居国外,仅就国内财产分割提起诉讼的,由主要财产所在地人民法院管辖。”

本案中,叶某应当结合自身的具体情况,向相关的人民法院提起离婚诉讼。

▶ 2. 能在居住地起诉离婚吗

案例

陈某和刘某是一对夫妇,来某市工作居住已有5年,住在某社区。陈某是一名外卖骑手,刘某在酒店当领班。由于刘某经常接触各种公司的老总,所以逐渐嫌弃陈某,不是抱怨他不赚钱,就是埋怨他的衣着土里土气,总之,二人经常为琐事而争吵。在多次争吵之后,陈某觉得再这样过下去,已经没有任何意义。他们可以在居住地法院起诉离婚吗?

解析

在我国,根据《民事诉讼法》第21条的规定,对公民提起的民事诉讼,由被告住所地人民法院管辖;被告住所地与经常居住地不一致的,由经常居住地人民法院管辖。因此,向人民法院提起离婚诉讼,一般是到被告的户籍所在地起诉离婚。但是,现实中的情况却是,被告往往因为工作、生活、学习等原因,不在户籍所在地,而离婚诉讼又要求被告必须出庭,如果强硬地要求到被告户籍所在地起诉离婚,就不太现实。所以法律对此种情况作了具体的规定,即如果被告不在户籍所在地,原告可以到被告经常居住地人民法院起诉离婚。本案中,陈某是可以在居住地法院提起离婚之诉的。

▶ 3. 法院判决不准离婚,6个月之后才能再起诉吗

案例

王某和丈夫龚先生打了一场离婚官司,龚先生不同意离婚,最后法院认为王某和龚先生还未达到“夫妻感情确已破裂”的地步,判决不准离婚。但王某接到判决书1个月后,发现龚先生公然和“小三”刘某在外同居,便上门和刘某理论,更是闹得邻里皆知。王某对龚先生彻底失望了,

龚先生却依然不同意离婚。法律判决不准离婚的,必须是在6个月之后才能再次向法院提起诉讼,这让王某很是苦恼。王某这种情况,是否必须在6个月之后才能再次起诉离婚呢?

解析

根据《民事诉讼法》第124条第7项的规定,判决不准离婚和调解和好的离婚案件,判决、调解维持收养关系的案件,没有新情况、新理由,原告在6个月内又起诉的,不予受理。从此规定可以看出,只要有新情况、新理由,便可以在6个月之内向人民法院提起离婚之诉。那么到底什么才是新情况、新理由呢? 对此,我们应该从《民法典》及相关司法解释中寻求答案。因为离婚之诉的诉讼标的是原、被告间所存在的婚姻关系或者原告所享有的对婚姻关系的解除权,诉讼请求则是原告请求法院解除婚姻关系,而《婚姻法》及相关司法解释对何种情况应该解除婚姻关系作出了具体规定,其相关的认定"感情确已破裂"的法律条文,正是婚姻当事人提起离婚之诉的理由。

根据《民法典》第1079条第3款的规定,有下列情形之一,调解无效的,应当准予离婚:(1)重婚或者与他人同居;(2)实施家庭暴力或者虐待、遗弃家庭成员;(3)有赌博、吸毒等恶习屡教不改;(4)因感情不和分居满2年;(5)其他导致夫妻感情破裂的情形。这些情形都属于新情况、新理由。

另外,根据最高人民法院《关于适用〈中华人民共和国民法典〉婚姻家庭编的解释(一)》第23条的规定,夫妻双方因是否生育发生纠纷,致使感情确已破裂,一方请求离婚的,人民法院经调解无效,应依照《民法典》第1079条第3款第5项的规定处理。最高人民法院《关于人民法院审理离婚案件如何认定夫妻感情确已破裂的若干具体意见》规定了视为夫妻感情确已破裂的14种情形。

本案中,王某在拿到不准离婚的判决书1个月后,发现丈夫公然与刘某同居，并闹得邻里皆知。由此可知，王某完全可以在6个月之内，向人民法院再次提起离婚之诉。

▶ 4. 丈夫两年不回家，妻子该起诉离婚，还是申请宣告失踪？

案例

家在某社区的赵某是一家国有独资公司的总经理，由于独揽大权，又缺少监管，经常利用职务之便，侵吞公司的财物。后经过审计部门和纪委的双重审查，赵某的贪污行为东窗事发。虽然赵某的违法行为被公之于众，但他“悄无声息”地消失了，这一消失，就是两年多。为此，赵某之妻胡某想知道像她这种情况，丈夫失踪了两年，是该起诉离婚，还是申请宣告失踪？

解析

《民诉解释》第217条明确规定：“夫妻一方下落不明，另一方诉至人民法院，只要求离婚，不申请宣告下落不明人失踪或者死亡的案件，人民法院应当受理，对下落不明人公告送达诉讼文书。”根据该条规定，夫妻一方下落不明，另一方没有申请宣告失踪而直接起诉离婚的，人民法院应当受理，并且依法公告送达诉讼文书。本案中，胡某可以直接向法院起诉离婚。

▶ 5. 丈夫家暴，妻子应如何请求赔偿

案例

陈某生育了两个女儿，但其丈夫深受“重男轻女”封建思想的毒害，对陈某非常不满意，经常打骂陈某，陈某也经常报警，但每次都是调解了事。最近夫妻二人又因为“生男生女”的问题，发生了激烈的争吵，陈某的丈夫又殴打了陈某，陈某遍体鳞伤。陈某想与丈夫离婚，她该如何提起

因家庭暴力而导致的损害赔偿之诉?

解析

根据最高人民法院《关于适用〈中华人民共和国民法典〉婚姻家庭编的解释(一)》第88条的规定,人民法院受理离婚案件时,应当将《民法典》第1091条等规定中当事人的有关权利义务,书面告知当事人。在适用《民法典》第1091条时,应当区分以下不同情况:(1)符合《民法典》第1091条规定的无过错方作为原告基于该条规定向人民法院提起损害赔偿请求的,必须在离婚诉讼的同时提出。(2)符合《民法典》第1091条规定的无过错方作为被告的离婚诉讼案件,如果被告不同意离婚也不基于该条规定提起损害赔偿请求的,可以就此单独提起诉讼。(3)无过错方作为被告的离婚诉讼案件,一审时被告未基于《民法典》第1091条规定提出损害赔偿请求,二审期间提出的,人民法院应当进行调解;调解不成的,告知当事人另行起诉。双方当事人同意由第二审人民法院一并审理的,第二审人民法院可以一并裁判。

根据最高人民法院《关于适用〈中华人民共和国民法典〉婚姻家庭编的解释(一)》第89条的规定,当事人在婚姻登记机关办理离婚登记手续后,以《民法典》第1091条规定为由向人民法院提出损害赔偿请求的,人民法院应当受理。但当事人在协议离婚时已经明确表示放弃该项请求的,人民法院不予支持。

根据最高人民法院《关于适用〈中华人民共和国民法典〉婚姻家庭编的解释(一)》第90条的规定,夫妻双方均有《民法典》第1091条规定的过错情形,一方或者双方向对方提出离婚损害赔偿请求的,人民法院不予支持。

所以,因家庭暴力而导致的离婚损害赔偿,原告必须在提起离婚之诉时提起,如果不提起离婚之诉,而只是单独提起损害赔偿之诉的,法院不予受理。本案中,陈某如果想获得离婚损害赔偿,必须在提出离婚之诉时提起,否则,法院将不予受理。

家庭暴力,是指家庭成员之间以殴打、捆绑、残害、限制人身自由以及经常性谩骂、恐吓等方式实施的对身体、精神的侵害行为。2015 年 3 月,最高人民法院、最高人民检察院、公安部、司法部印发《关于依法办理家庭暴力犯罪案件的意见》的通知,以积极预防和有效惩治家庭暴力犯罪,加强对家庭暴力被害人的刑事司法保护。2015 年 12 月 27 日,第十二届全国人大常委会第十八次会议表决通过了《反家庭暴力法》。作为中国第一部反家暴法,该法于 2016 年 3 月 1 日起施行。

6. 丈夫在离婚时故意转移财产,妻子可否要求赔偿

案例

谷某和江某结婚 7 年,一直居住在某社区的一居室里,平日里两人总是因为一点小事就争吵不休,时间一长,两人之间的感情已经岌岌可危。江某认为自己的婚姻已经走到了尽头,便向谷某提出离婚。但谷某认为他们正处于“七年之痒”阶段,吵架拌嘴很正常,所以不同意离婚。于是,两人又在磕磕绊绊的节奏中,一起生活了半年。有一天,谷某突然向江某提出了离婚要求。就在江某着手办理离婚手续之时,突然得知谷某上个月买彩票中了一等奖,数额有 400 万元之多。可江某去银行查了谷某的银行账户,发现账户上面的 400 万元奖金,早已被取走。丈夫在离婚时故意转移财产,妻子可否要求赔偿?

解析

《民法典》第 1092 条规定:“夫妻一方隐藏、转移、变卖、毁损、挥霍夫妻共同财产,或者伪造夫妻共同债务企图侵占另一方财产的,在离婚分割夫妻共同财产时,对该方可以少分或者不分。离婚后,另一方发现有上述行为的,可以向人民法院提起诉讼,请求再次分割夫妻共同财产。”

本案中,江某可以向法院提出多分财产的诉求,以此惩戒谷某转移财产的行为。

7. 如何确定离婚诉讼中精神损害赔偿的数额

案例

华某和丈夫金某结婚十余载。在外人看来,这两人一直是某社区的模范夫妇,但真实情况是华某长期遭受丈夫家暴,为此她和金某已经分居,但金某依然骚扰她,并且在一次争执中,将她打伤住院。对此,华某下决心和金某离婚,并打算要求对方赔偿精神损害。华某该如何确定离婚诉讼中的精神损害赔偿的数额?

解析

最高人民法院《关于确定民事侵权精神损害赔偿责任若干问题的解释》第5条提出了确定精神损害赔偿数额的6个因素:(1)侵权人的过错程度,但是法律另有规定的除外;(2)侵权行为的目的、方式、场合等具体情节;(3)侵权行为所造成的后果;(4)侵权人的获利情况;(5)侵权人承担责任的经济能力;(6)受诉法院所在地平均生活水平。这6个因素具体运用到婚姻家庭领域,法官的一般做法是根据过错方侵害的目的、方式、场合,对受害人造成的损害程度,过错方承担责任的经济能力,以及当地的平均生活水平这些因素来确定过错方的赔偿金额。在审理案件中,法官重点考察过错方实施行为的次数,时间的长短,手段的恶劣程度、公开度,以及对受害方的精神损害程度、对受害人肉体所造成的伤害程度及当地的平均生活水平。

在离婚之诉中,为了更好地保障受伤害一方的利益,法律赋予了该方提起离婚损害赔偿的权利,那么对于确定精神损害赔偿的数额,可以从以下几点考虑:

(1)加害方的过错程度。加害方过错严重的,给受害人造成的情绪方面的伤害、造成的精神方面的伤害严重的,都应酌情增加抚慰金的数额;如果加害方只是有轻微的过失行为,抚慰金也可以相应地减少。

(2)精神受损害的程度。精神受损害的程度,即受害人所遭受精神伤害和精神痛苦的程度,如是否出现了恐惧、焦虑、愤怒、沮丧、悲哀等情绪方面的障碍,是否因精神和感情受到损害导致身体方面出现疾病,是否伴有抑郁、恍惚且影响生活、工作,是否患上精神类疾病等。由于受害方受到的损害结果涉及人身和精神两方面,必要时,还可以委托第三方做相应的鉴定。

(3)侵权损害的具体情节。比如,家暴的伤害情节、重婚和同居的恶劣程度等。

(4)受诉人民法院所在地的平均生活水平。请求的具体数额应当与当地经济条件、生活水平相适应。如在生活水平高的地方,法院会支持的精神损害赔偿金额相对高些;在经济不发达的地方,自然就相对低些。

离婚损害赔偿金额可由夫妻双方协商,协商不成时,由法官酌定判决。离婚损害赔偿金的给付方式,也可由夫妻双方协商,协商不成时,由人民法院判决。离婚损害赔偿金原则上应一次性给付,但一次性给付确有困难的,也可分期给付。通过分期方式给付的,经权利方请求,法院可责令义务方提供抵押物或约定保证人,以保证给付义务的履行。

▶ 8. 被家暴,是否可以申请人身安全保护令

案例

王某曾是某幼儿园的老师,在与某企业老板陈某结婚之后,居住在某高档社区,成为全职主妇,在家相夫教子。很多人都羡慕王某,但外人不知道的是,虽然陈某的经济条件不错,但有家暴的恶习,平时动不动就对

王某拳打脚踢,还曾经导致王某流产。王某认为自己已经和陈某过不下去了,准备离婚,并要求陈某赔偿。她担心陈某继续对自己实施家暴,为了自身安全,想申请人身安全保护令。

解析

《反家庭暴力法》第 23 条规定:“当事人因遭受家庭暴力或者面临家庭暴力的现实危险,向人民法院申请人身安全保护令的,人民法院应当受理。当事人是无民事行为能力人、限制民事行为能力人,或者因受到强制、威吓等原因无法申请人身安全保护令的,其近亲属、公安机关、妇女联合会、居民委员会、村民委员会、救助管理机构可以代为申请。”据此可知,王某完全可以向人民法院申请人身安全保护令。

《反家庭暴力法》第 24 条规定:“申请人身安全保护令应当以书面方式提出;书面申请确有困难的,可以口头申请,由人民法院记入笔录。”《反家庭暴力法》第 27 条规定,作出人身安全保护令,应当具备下列条件:(1)有明确的被申请人;(2)有具体的请求;(3)有遭受家庭暴力或者面临家庭暴力现实危险的情形。

《反家庭暴力法》第 28 条规定,人民法院受理申请后,应当在 72 小时内作出人身安全保护令或者驳回申请;情况紧急的,应当在 24 小时内作出。

《反家庭暴力法》第 29 条规定,人身安全保护令可以包括下列措施:(1)禁止被申请人实施家庭暴力;(2)禁止被申请人骚扰、跟踪、接触申请人及其相关近亲属;(3)责令被申请人迁出申请人住所;(4)保护申请人人身安全的其他措施。

《反家庭暴力法》第 32 条规定,人民法院作出人身安全保护令后,应当送达申请人、被申请人、公安机关以及居民委员会、村民委员会等有关组织。人身安全保护令由人民法院执行,公安机关以及居民委员会、村民委员会等应当协助执行。

▶ 9. 离婚案件中，夫妻一方是否可以申请法院调查取证

案例

张某与李某婚后常因琐事争吵，这在某社区早就人尽皆知。二人也觉得结合在一起，本身就是一种错误，既然不能好好相处，不如趁早分手，于是准备离婚。但二人对于如何分割财产一直争执不下，李某认为张某转移了很大一部分共同财产，而张某对此予以否认。李某是否可以申请法院调查取证？

解析

“打官司，就是打证据”，诉讼胜败的关键往往在于证据是否确实、充分。但是在司法实践中，由于各种原因，诉讼当事人往往会面临取证难的问题，此时就需要申请法院调查取证。根据《民诉解释》第 94 条第 1 款和最高人民法院《关于民事诉讼证据的若干规定》第 2 条的规定，符合下列条件之一的，当事人及其诉讼代理人可以申请人民法院调查收集证据：

(1)申请调查收集的证据属于国家有关部门保存，当事人及其诉讼代理人无权查阅调取的；

(2)涉及国家秘密、商业秘密、个人隐私的材料；

(3)当事人及其诉讼代理人确因客观原因不能自行收集的其他材料。

根据《民诉解释》第 94 条第 2 款和最高人民法院《关于民事诉讼证据的若干规定》第 20 条的规定，当事人及其诉讼代理人申请人民法院调查收集证据，应当提交书面申请。申请书应当载明被调查人的姓名或者单位名称、住所地等基本情况，所要调查收集的证据的内容，需要由人民法院调查收集证据的原因及其要证明的事实。当事人及其诉讼代理人因

客观原因不能自行收集证据的,可以在举证期限届满前书面申请人民法院调查收集。

本案中,李某获取张某转移财产的证据,涉及上述情形的,如张某银行转账记录、房屋过户记录、股票等财产的买卖记录等由金融机构、房屋管理部门保管,普通人很难获取相关记录,因此李某作为配偶一方,在离婚诉讼中可以申请法院调查取证。

▶ 10. 什么情况下构成重婚罪

案例

王某偶然得知丈夫祝某在某社区包养了"小三"胡某,且胡某已经怀孕。这对王某来说犹如晴天霹雳,后来王某又得知祝某已经在朋友圈公开宣称他和胡某是夫妻,早已和王某离婚。此时的王某感到的不再是"霹雳",而是羞辱。本案中,王某要证明丈夫祝某重婚需要满足什么条件?

解析

重婚罪,指的是有配偶者又与他人结婚或者明知道他人有配偶而与之结婚的犯罪行为。我国《刑法》第 258 条规定,有配偶而重婚的,或者明知他人有配偶而与之结婚的,处 2 年以下有期徒刑或者拘役。

司法实践中,证明对方犯有重婚罪,还需要提供以下证据:

(1)与配偶登记结婚,又与他人登记结婚而重婚,即存在两个法律婚而重婚。

(2)与原配偶登记结婚,进而又与他人虽然没有进行婚姻登记,但对外以夫妻关系同居生活,且周围邻居皆认为二人是夫妻的。

(3)虽然没有配偶,但明知对方有配偶而与之登记结婚或者对外以夫妻名义同居生活,且周围邻居皆认为二人是夫妻的。

本案中，王某如果想证明丈夫祝某犯有重婚的事实，必须举证证明上述事实存在。

▶ 11. 婚后买房由一方父母出首付款，房子是一方个人财产吗

案例

张某和李某婚后，张某的父母出资在某社区为小两口买了房子，房子登记在张某名下，小两口共同还贷，张某的父母和他们一起住。不久，李某意外流产，情绪抑郁，而张某父母只一味催促李某再要孩子。婆媳关系紧张，导致夫妻关系恶化。李某遂于2021年1月向张某提出离婚。张某表示，离婚可以，但是房子得归他所有。张某认为，婚后其父母给他们出首付款买的房子登记在他一个人名下，应为其个人财产。而李某认为，婚后购买的房子，双方共同还贷，即使登记在一方名下，也应为夫妻共同财产。两人无法协商一致，李某便起诉至法院，要求分割房产。这套房子是夫妻共同财产，还是张某的个人财产？

解析

该房屋应为夫妻双方婚后取得的共同财产。理由在于：(1)该房屋系双方婚后购买，并登记在男方名下，且双方在此共同居住生活，表明购买该房屋的目的是为双方共同居住。(2)男方父母虽然支付了首付款，但交纳首付款人并非房屋所有权人，故男方父母无权将房屋赠与男方。(3)双方共同偿还房屋贷款，说明女方对房屋亦有投入，仅因男方父母支付首付款而认定房屋所有权人为男方，不符合公平原则，亦无法得到普遍的社会认同。(4)最高人民法院《关于适用〈中华人民共和国民法典〉婚姻家庭编的解释(一)》第29条规定，当事人结婚前，父母为双方购置房屋出资的，该出资应当认定为对自己子女个人的赠与，但父母明确表示赠与双方的除外。本条的含义指的是父母在子女结婚前全款购买的房产，

被视为对子女的赠与,除非父母明确表示赠与夫妻双方的除外。

根据公平保护的立法意图,在确认不动产所有权时,应当对最高人民法院《关于适用〈中华人民共和国民法典〉婚姻家庭编的解释(一)》第29条第2款的规定作严格解释。即该条规定的婚后父母对子女赠与的标的物应指房产,而非出资。也就是说,双方结婚后,只有一方父母通过全资购买取得了不动产的所有权,并将不动产登记在自己子女名下时,方可适用本条规定。而对于父母部分出资的情形,因为此时父母并未支付购买房屋的全部对价,尚未取得房屋的所有权,从而无权决定将房屋赠与自己子女并将房屋登记在自己子女名下。

因此,婚后一方父母支付首付款为子女购买不动产,产权登记在出资人子女名下,但由夫妻共同偿还贷款的情形,不适用最高人民法院《关于适用〈中华人民共和国民法典〉婚姻家庭编的解释(一)》第29条第2款的规定,该房屋无论登记在夫妻任何一方的名下,都应视为夫妻共同财产,在离婚时应予以公平分割。

对于婚后一方父母部分出资,房屋登记在夫妻双方名下的情形,无疑应认定为赠与双方。对于登记在对方名下的情形,由于夫妻婚后获赠财产原则上应当属于共有,所以不能认定为是登记一方的个人财产,同样应当认定为赠与双方,是共同财产,除非有仅赠与一方个人的确切证据。因此,一方父母部分出资购买房屋,不动产权证登记在对方或双方子女名下的,房产性质仍为夫妻共同财产,但具体分割时应根据整体案情,结合不同的登记情况,综合把握。

本案中,该房屋应属于张某和李某的共同财产,但是在分割时应考虑到张某父母出资的情况,根据实际情况作出判决。

▶ 12. 婚后一方父母全款出资为自己子女所购房产，属于夫妻共同财产吗

案例

吴某是某市一所著名高校的学生，在大二暑假实习期间结识了一家公司的总经理江某。江某刚刚研究生毕业，年轻有为。两个人通过工作的接触渐渐产生好感。2020年吴某大学没毕业就和江某登记结婚，打算毕业后补办婚礼。结婚之后，江某的父母全款为江某购买了某社区的学区房作为婚房，登记在江某个人名下，并在赠与协议中约定这是赠与给江某个人的，与吴某无关。不料他们结婚不到半年婚姻就出现了问题。结婚之后，江某的事业一直不顺利，回家经常因为一些琐事和吴某发生争吵，两个人互不相让。最后愈演愈烈，江某认为是吴某导致了自己事业的失败，于是向吴某提出了离婚。江某向法院提起了诉讼，只同意分割婚姻期间的工资收入，认为房子是其个人财产。这套房子和吴某有关系吗？

解析

最高人民法院《关于适用〈中华人民共和国民法典〉婚姻家庭编的解释(一)》第29条第2款规定，当事人结婚后，父母为双方购置房屋出资的，依照约定处理；没有约定或者约定不明确的，按照《民法典》第1062条第1款第4项规定的原则处理。

本案中，江某的父母在江某与吴某婚后全款出资购买了房子，并登记在江某一人名下，在赠与协议中约定是赠与江某个人，因而该房屋应视为对江某的个人赠与，属于江某的个人财产，与吴某没有关系。

13. 婚前一方付首付购买房产，婚后共同还贷，离婚时如何计算补偿款

案例

马某大学毕业以后，向父母借了钱，在大城市某高档社区付首付买了房子。马某和余某结婚之后，有了小孩。当一切都有了后，他开始觉得生活没有目标，没有乐趣，于是染上了赌博的恶习。余某和马某谈了无数次，但马某屡教不改。余某无奈，不希望孩子从小受父亲的不良影响，提出了离婚。马某同意由余某抚养孩子，但是主张房子归自己。余某要求马某对其作出补偿，那么补偿的数额是多少呢？

解析

最高人民法院《关于适用〈中华人民共和国民法典〉婚姻家庭编的解释(一)》第78条规定：夫妻一方婚前签订不动产买卖合同，以个人财产支付首付款并在银行贷款，婚后用夫妻共同财产还贷，不动产登记于首付款支付方名下的，离婚时该不动产由双方协议处理。依前款规定不能达成协议的，人民法院可以判决该不动产归登记一方，尚未归还的贷款为不动产登记一方的个人债务。双方婚后共同还贷支付的款项及其相对应财产增值部分，离婚时应根据《民法典》第1087条第1款规定的原则，由不动产登记一方对另一方进行补偿。

本案中，法院应当根据马某和余某婚后财产的实际情况，从照顾子女、女方和无过错方权益原则的角度计算补偿数额。

14. 同居期间购买的房屋如何分割

案例

李某和张某从恋爱到同居，一起在上海生活了5年，但是两个人谁都

没有提过要结婚。上海的房价日益高涨,李某攒了些积蓄,于是和张某商量在上海买一套房子。随后,李某和张某加入了买房大军,房价一天一个变化,促使两个人很快就作出了决定,买了某社区一套二手房。虽然购房款都是李某出的,但是他还是决定把房子登记在两人的名下。

两个人的日子并没有因为购买了房子而越来越好。有一天,张某告诉李某,她要结婚了,男方是单位的同事。她一直在等待李某向她求婚的那一天,可是李某从来都没有表示。张某希望自己的后半生可以有安全感,有人可以依靠,而不是仅仅靠一套房子。张某提出要分割房子,李某反对。同居期间买的房子该属于谁呢?

解析

张某和李某恋爱同居期间,一方全部出资或大部分出资买房,房屋登记在双方名下,但是双方并未登记结婚而是分手了,对于此种案件中的房产纠纷,应按照解除同居关系的原则处理。

在通常情况下,男女双方未办理结婚登记亦不以夫妻名义同居生活的,同居关系解除后要求分割同居期间共同劳动、共同经营管理所得的财产,有约定从约定,无约定且财产混同的,可推定为按份共有,具体份额比例可根据双方同居时间、各自贡献、生活习惯等确定。

2007 年 9 月 20 日上海市高级人民法院《关于审理分家析产案件若干问题的意见》第 5 条规定,恋爱期间共同购房,一方未出资但产权登记为两人共有的情况,从不动产登记的角度分析,房屋已经确定为恋爱双方共有。双方终止恋爱关系后分割共有财产,符合重大理由需要分割的情形。共有关系终止时,对共有财产的分割,有协议的按协议处理;没有协议的,应当考虑共有人对共有财产的贡献大小,适当照顾共有人生产、生活的实际需要等情况,合理确定未出资方的份额,一般以 10% 到 30% 的份额为宜。

本案中,因李某和张某在恋爱同居期间购买了房子,虽然是李某个人出资,但是登记在双方名下,属于双方的共同财产。所以根据实际情况,结合上海市高级人民法院的上述意见,张某也能分得10%到30%的房产份额。

▶ 15. 婚后共同购买一方婚前承租的公有住房,离婚时该房屋是否可以进行分割

案例

刘某是一家国有企业的员工,工作多年,分了一套某社区的公租房。后来经人介绍认识了现在的妻子胡某。两人结婚以后继续承租该房屋,后由于国家政策变化,单位职工可以成本价购买房子。刘某和胡某便用共同的积蓄购买了该房屋,并登记在刘某名下。几年之后,两人因感情不和闹离婚,但对该房屋是否为夫妻共同财产产生了分歧。胡某认为,婚姻关系存续期间共同购买的房子属于夫妻共同财产。刘某则认为,这是单位的福利分房,比市场上房屋的价格低很多,不属于夫妻共同财产。刘某婚前承租的这套公有住房是否属于夫妻共同财产呢?

解析

公房都是以分配的方式分给本单位的职工居住,随着住房制度的改革,单位逐渐按照房屋的成本价售房给本单位的职工。为了加快房改的进程,北京市鼓励一些单位按照市场价格出售公有住房。2001年北京市国土资源和房屋管理局与北京市人民政府住房制度改革办公室联合发布了《关于单位按市场价向职工出售公有住房有关问题的通知》。

现实生活中,由于国家政策的改变,很多以前由个人承租的公房,如今已变更为承租人个人所有的房屋。由于历史原因,大多数房屋又登记在福利单位职工的名下,所以出现离婚诉讼之时,关于该房屋是否属于夫妻共同财产的纠纷便多了起来。鉴于此,国家为了避免争议,明确权属,

对本案中的争议进行了明确规定。根据最高人民法院《关于适用〈中华人民共和国民法典〉婚姻家庭编的解释(一)》第27条的规定,由一方婚前承租、婚后用共同财产购买的房屋,登记在一方名下的,应当认定为夫妻共同财产。本案中,胡某当然可以对该房屋主张权利。

▶ 16. 婚后出资购买一方父母的房改房,离婚时能否分割

案例

张某和李某与张某的父母一直生活在一起,住在张父单位分的一套社区福利房里。后来开始房改,张某的父母没有钱,于是张某和李某用夫妻共同财产6万元帮张父购买房改房,因为政策的限制,房屋只能登记在张父的名下。多年后,张某有了外遇,导致夫妻感情破裂,离婚时,李某提出要求分割张父名下的房改房。张某认为房子是父亲的,李某无权分割。请问,这套房子李某可以分得相关的权益吗?

解析

房改房,指的是带有福利性质的政策性房屋,购买房改房的职工通常均享有工龄的折扣、支付欠款的折扣、税收等方面的优惠待遇,也正是因为上述优惠待遇,房改房的转让和普通商品房相比,就有可能受到政策法规方面的限制。最高人民法院《关于适用〈中华人民共和国民法典〉婚姻家庭编的解释(一)》第79条规定:"婚姻关系存续期间,双方用夫妻共同财产出资购买以一方父母名义参加房改的房屋,登记在一方父母名下,离婚时另一方主张按照夫妻共同财产对该房屋进行分割的,人民法院不予支持。购买该房屋时的出资,可以作为债权处理。"本案中,张某和李某离婚之时,无法分割该房改房,只能另案按照债权处理。

▶ 17. 一方的残疾赔偿金是否为夫妻共同财产

案例

裴某住在某社区,是某国有企业的架子工,经常攀登高处作业,家里人没少担心他的安危,可悲剧还是发生了。在一次作业的过程中,裴某不慎从高空跌落,身体多处伤害,构成七级伤残,后获得残疾赔偿金 28 万元。现在裴某的妻子徐某不满裴某丧失部分劳动能力,决定和裴某离婚,不仅如此,徐某还想分裴某的 28 万元赔偿金。夫妻共同财产中是否包括残疾赔偿金?

解析

残疾赔偿金,指的是对受害人因人身遭受伤害致残,从而丧失了全部或者部分劳动能力的财产赔偿。残疾赔偿金是否属于夫妻共同财产呢?《民法典》第 1063 条规定,下列财产为夫妻一方的个人财产:(1)一方的婚前财产;(2)一方因受到人身损害获得的赔偿或者补偿;(3)遗嘱或者赠与合同中确定只归一方的财产;(4)一方专用的生活用品;(5)其他应当归一方的财产。本案中,裴某取得的残疾赔偿金应为其个人财产。

▶ 18. 夫妻一方在有限责任公司的出资额,离婚时另一方是否可进行分割

案例

朱某中了 200 万元大奖。获奖后,朱某并未失去理智,而是理性地思考该如何使用这来之不易的大奖,创立一番事业。通过半年的考察,朱某认为目前投资网游公司,比较容易赚钱,于是找了几位志同道合的朋友,成立了一家以开发网络游戏为主的科技有限责任公司。朱某出资 100 万元。后由于朱某和妻子余某感情不和,二人决定离婚,但关于处理朱某在

该有限责任公司的出资问题犯了难。以一方名义在有限责任公司的出资额，离婚时该如何处理？

解析

人民法院审理离婚案件，涉及分割夫妻共同财产中以一方名义在有限责任公司的出资额，另一方不是该公司股东的，最高人民法院《关于适用〈中华人民共和国民法典〉婚姻家庭编的解释(一)》第73条规定，按以下情形分别处理：

(1)夫妻双方协商一致将出资额部分或者全部转让给该股东的配偶，其他股东过半数同意，并且其他股东均明确表示放弃优先购买权的，该股东的配偶可以成为该公司股东；(2)夫妻双方就出资额转让份额和转让价格等事项协商一致后，其他股东半数以上不同意转让，但愿意以同等条件购买该出资额的，人民法院可以对转让出资所得财产进行分割。其他股东半数以上不同意转让，也不愿意以同等条件购买该出资额的，视为其同意转让，该股东的配偶可以成为该公司股东。用于证明前款规定的股东同意的证据，既可以是股东会议材料，也可以是当事人通过其他合法途径取得的股东的书面声明材料。

本案中，如果朱某经过半数股东的同意，可以把出资额的部分或者全部转让给余某。

▶ 19. 夫妻一方转移财产，离婚后另一方是否还能提起诉讼

案例

陈某是一位成功的商人，可自从陈某有了钱以后，就开始嫌弃妻子何某，原本居住在某社区的陈某，现在根本不回家。何某决定离婚。由于何某在生活条件变好以后，已经成为一位全职太太，多年没有过问陈某的公司经营状况，因此在离婚分割财产的时候，一向单纯的何某，并没有质疑

夫妻共同财产的多少,就与陈某在法院的判决下离婚了。可离婚后,何某相识多年的一位朋友告知,陈某为了和何某离婚,已经在离婚前偷偷转移了一大笔财产,并将相关证据都交给了何某。本案中,何某在离婚后,应如何请求分割离婚时一方转移的夫妻共同财产?

解析

《民法典》第1092条规定:"夫妻一方隐藏、转移、变卖、毁损、挥霍夫妻共同财产,或者伪造夫妻共同债务企图侵占另一方财产的,在离婚分割夫妻共同财产时,对该方可以少分或者不分。离婚后,另一方发现有上述行为的,可以向人民法院提起诉讼,请求再次分割夫妻共同财产。"因此,何某应当拿起法律武器,继续向人民法院起诉,要求再次分割被陈某转移的夫妻共同财产。同时,人民法院对上述规定的妨害民事诉讼的行为,依照《民事诉讼法》的规定予以制裁。

▶ 20. 名贵首饰等奢侈品在离婚诉讼中可以分割吗

案例

秦某是一家投资公司的理财经理,由于眼光独到、专业知识扎实,拥有大量的客户群,收入颇丰。秦某为了更好地向客户推荐自己,为自己购置了30多万元的汽车、数万元的名牌手表,以及名贵首饰,作为自己日常工作和生活的专用品。此外,秦某还有洁癖,上述放在某社区住宅里的物品,连妻子都不让碰。后由于秦某出轨,和妻子感情彻底破裂,二人决定离婚。但二人关于秦某购置的上述贵重物品是否属于个人生活用品产生了分歧。个人生活用品是否包括轿车、高档首饰和手表?

解析

《民法典》第1062条规定,夫妻在婚姻关系存续期间所得的下列财产,为夫妻的共同财产,归夫妻共同所有:(1)工资、奖金、劳务报酬;(2)生产、经营、投资的收益;(3)知识产权的收益;(4)继承或者受赠的财产,但是本法第1063条第3项规定的除外;(5)其他应当归共同所有的财产。夫妻对共同财产,有平等的处理权。第1063条规定,下列财产为夫妻一方的个人财产:(1)一方的婚前财产;(2)一方因受到人身损害获得的赔偿或者补偿;(3)遗嘱或者赠与合同中确定只归一方的财产;(4)一方专用的生活用品;(5)其他应当归一方的财产。

个人生活用品属于夫妻个人财产,离婚时不予分割。那么个人生活用品是否包括案例中陈述的贵重物品呢?答案是显而易见的。轿车、高档首饰、手表虽然在本案中是秦某因为工作需要而购买和使用的,甚至还因为有洁癖,连妻子都不让碰,但上述贵重物品,显然是用夫妻共同财产购买的(本案中指明秦某收入颇丰,该收入除特别约定是个人财产外,一般应为夫妻共同财产),既然是夫妻共同财产购买的贵重物品,如果被认定为一方的个人生活用品而不予分割,是显失公平的。所以,上述贵重物品理应列入夫妻共同财产,在离婚诉讼中予以分割。

▶ 21. 养老保险金和人身保险赔偿金是夫妻共同财产吗

案例

宋某是某移动公司的技术人员,住在某社区,由于工作的需要,经常去外地出差,两口子聚少离多,其妻子为了宋某和家庭将来有一个保障,就给宋某买了一份人身保险(该人身保险和宋某社保部分中需自己缴纳的养老保险部分,均由夫妻共同财产支付)。两年后,宋某因为患病获得保险公司赔付的20万元保险金用于治疗疾病。后来二人因感情不和,决定离婚,但双方对于宋某养老保险金和20万元保险金该如何分割产生分歧。离婚时,法院会如何处理养老保险金?对婚内购买的人身保险如何分割?

解析

我们先看如何分割养老金部分。最高人民法院《关于适用〈中华人民共和国民法典〉婚姻家庭编的解释(一)》第80条规定:“离婚时夫妻一方尚未退休、不符合领取基本养老金条件,另一方请求按照夫妻共同财产分割基本养老金的,人民法院不予支持;婚后以夫妻共同财产缴纳基本养老保险费,离婚时一方主张将养老金账户中婚姻关系存续期间个人实际缴纳部分及利息作为夫妻共同财产分割的,人民法院应予支持。”至于后面发生的20万元保险金则是保险公司赔付给宋某用来治疗疾病的费用,根据《民法典》第1063条之规定,在夫妻关系存续期间因人身伤害或患疾病所获得的人身保险赔偿金,因与该个人有密切关系,主要用于受害人的治疗、生活,具有特定的用途,所以,该类财产不属于夫妻共同财产,应当归取得保险金的一方所有。因此,案例中的20万元保险金属于宋某的个人财产。

22. 夫妻一方以个人名义的借款,是夫妻共同债务吗

案例

姜某是一位经营家具业务的个体工商户,经过10来年的摸爬滚打,已小有所成。其妻王某是一位中学数学老师,平时除了上课之外,还负责家具店的财务账目。后来由于发现姜某在某社区住宅内偷情,王某决定离婚。但在二人准备离婚之时,突然冒出一个债权人,说自己手上有一张姜某打的借条,要求夫妻二人偿还。夫妻一方以个人名义进行的借款,是否需要夫妻共同偿还?

解析

最高人民法院《关于审理涉及夫妻债务纠纷案件适用法律有关问题的解释》第2条和第3条规定:夫妻一方在婚姻关系存续期间以个人名义

为家庭日常生活需要所负的债务,债权人以属于夫妻共同债务为由主张权利的,人民法院应予支持。夫妻一方在婚姻关系存续期间以个人名义超出家庭日常生活需要所负的债务,债权人以属于夫妻共同债务为由主张权利的,人民法院不予支持,但债权人能够证明该债务用于夫妻共同生活、共同生产经营或者基于夫妻双方共同意思表示的除外。

本案中,如果该欠条所载金额仅限于家庭日常生活所负的债务,那么姜某和王某是需要共同偿还的;如果该欠条所载金额超出了家庭日常生活需要所负的债务,就需要债权人去举证该欠款用于姜某和王某的家庭日常生活,债权人无法举证的,王某自然不需要偿还该债务。

▶ 23. 离婚判决书债务归夫妻一方,另一方还有偿还责任吗

案例

某下岗职工李某居住在某社区,自谋出路的他经营一家以鸡肉为主的快餐店,后由于"禽流感"来袭,李某的经营备受打击,很少有顾客再光顾李某的快餐店。李某的债主顾某看到此情况不妙,就找上门来催款还钱。李某以无钱还款为由予以拒绝。债主顾某最近一次找李某索要欠款之时,却被李某告知他已离婚,法院已将所有财产都判给其妻子,自己现在身无分文,并且拿出了判决书作为证明,继续拒绝还款。本案中李某的妻子是否有偿还责任?

解析

离婚诉讼往往只有夫妻双方参加,对于夫妻共同财产如何分割,外人根本不知道。尤其是在欠款纠纷中,债权人也根本无从知道法院会如何分割夫妻共同财产。法院的判决是有效的,不可逆转的,但是如果利用这份判决来对抗债权人的债权,如本案中李某口中所说的那样,自己的所有财产都被法院判给了妻子,便拒绝还钱,这对债权人是不公平的。最高人

民法院《关于适用〈中华人民共和国民法典〉婚姻家庭编的解释(一)》第35条,当事人的离婚协议或者人民法院生效判决、裁定、调解书已经对夫妻财产分割问题作出处理的,债权人仍有权就夫妻共同债务向男女双方主张权利。一方就夫妻共同债务承担清偿责任后,主张由另一方按照离婚协议或者人民法院的法律文书承担相应债务的,人民法院应予支持。

本案中,李某的妻子,对于夫妻共同债务,仍然有偿还责任。

▶ 24. 因夫妻一方个人的债务,夫妻共同财产被法院查封、扣押、冻结了该如何处理

案例

张某和余某是夫妻,是某社区居民,两人在婚后共同出资买了一辆车。余某是做服装生意的,资金流动性很大。因为经济不景气,服装生意一落千丈,于是余某向朋友借款50万元作为周转,与朋友约定该借款为其个人借款,与丈夫张某无关,并以婚后购买的车子作抵押担保。半年之后,余某的服装加工厂宣告破产。朋友要求余某偿还欠款,余某表示无力偿还。借款合同到期之后,余某还是没有归还欠款。朋友将余某起诉至法院,并经法院判决胜诉。随后,朋友申请法院强制执行,法院查封了张某和余某共同购买的车子,冻结了两人的存款。张某得知此事,着急万分,他面对法院的查封该如何处理呢?

解析

最高人民法院《关于人民法院民事执行中查封、扣押、冻结财产的规定》第12条规定:“对被执行人与其他人共有的财产,人民法院可以查封、扣押、冻结,并及时通知共有人。共有人协议分割共有财产,并经债权人认可的,人民法院可以认定有效。查封、扣押、冻结的效力及于协议分割后被执行人享有份额内的财产;对其他共有人享有份额内的财产的查

封、扣押、冻结，人民法院应当裁定予以解除。共有人提起析产诉讼或者申请执行人代位提起析产诉讼的，人民法院应当准许。诉讼期间中止对该财产的执行。”

本案中，张某可以采取两个办法。第一，他可以和余某协议分割车子和存款，经过债权人的认可后，法院就能认定协议有效。此时查封的效力只涉及余某享有份额内的财产，解除了对张某享有份额内的财产的查封。第二，张某也可以提起析产诉讼，诉讼期间，人民法院应中止对该财产的执行。等析产诉讼结束后，人民法院再恢复执行。

▶ 25. 夫妻一方对外担保之债属于夫妻共同债务吗

案例

陈某和刘某是一对夫妻，家在某社区。陈某古道热肠，为人处世非常大方、豪爽，对于朋友的事情总是仗义相助。有一天，他的朋友要向担保公司借一笔款项，需要一位本地人作担保。朋友找到陈某，请求陈某做担保人。陈某并未和刘某商议就答应了朋友，在朋友和担保公司的借款协议的担保人栏签名，并且承诺在朋友不能还款时承担连带担保责任。一年后，朋友在借款合同到期时没有偿还欠款，担保公司起诉了陈某夫妻及其朋友。刘某是否有义务偿还这笔担保之债呢？

解析

《民法典》第 1064 条第 2 款规定：“夫妻一方在婚姻关系存续期间以个人名义超出家庭日常生活需要所负的债务，不属于夫妻共同债务；但是，债权人能够证明该债务用于夫妻共同生活、共同生产经营或者基于夫妻双方共同意思表示的除外。”所以本案中，除非担保公司能够证明该债务用于夫妻共同生活，否则，刘某没有义务偿还陈某的担保债务。

26. 夫妻之间约定“精神损失费”是否有效

案例

李某经常夜不归宿,后经证实,李某与他人有不正当关系,但是他向配偶马某保证,以后再也不会和其他女人来往。马某不相信,于是双方以书面的形式签订了“婚内忠诚”协议,其中有一条约定:“男女双方若因第三者的原因导致夫妻感情破裂继而离婚的,其中一方应当给付另一方30万元现金,作为精神损害赔偿金。”刚开始一段时间,李某下班后都按时回家,似乎和第三者确实断了联系。但是好景不长,几个月后,马某再次证实了李某的婚外不正当关系,伤心的马某决定离婚。马某让李某在离婚分割财产时再给她30万元作为精神损害赔偿,李某不同意,马某只能起诉至法院。马某和李某之间关于出轨方给付对方30万元现金的约定是否有效?

解析

忠诚义务作为一种道德义务,在法律上并没有明确的惩罚性。虽然《民法典》第1091条规定,夫妻一方与他人同居时,无过错方有权请求损害赔偿,但这种损害赔偿属于夫妻一方严重违反忠诚义务给对方造成精神损害从而需要给予侵权损害赔偿的规定,要求比较严格。当夫妻之间相互协议约定一个高于法律义务的“忠诚协议”时,即只要一方不忠于对方,另一方就有权获得赔偿,当然更有利于约束双方的性行为,维护婚姻关系的稳定。所以只要“忠诚协议”不违反法律的强制性规定,不侵害他人权益和人身自由,夫妻双方用协议约束自己的行为,我们应该认定“忠诚协议”合法有效。《民法典》第1043条规定“夫妻应当互相忠实”,“忠诚协议”是对该条规定的具体化,由双方当事人自愿签订,自愿在违背忠实义务后承担财产损失的不利后果,对双方理应有约束力,这与《民法典》第 1091 条规定的无过错方的损害赔偿请求权在法律精神上是一致的。由此可见，“忠诚协议”体现了“法无明文禁止即可为”的民法原理，体现了民法上的意思自治、权利本位、过错责任、诚实信用等基本原则，归根结底是对财产权利自由处分的协议，应视为一种附条件的具有惩罚性的财产约定。实务中，应根据实际情况确定“忠诚协议”的效力，而不能一概予以肯定或否定。

本案中，男方和女方签订“男女双方若因第三者的原因导致夫妻感情破裂继而离婚的，其中一方应当给付另一方 30 万元现金，作为精神损害赔偿金”的约定，是根据夫妻共同财产的具体情况，对夫妻财产作出的自由处分，这是符合《民法典》规定的，亦符合双方的真实意思表示，且不存在受胁迫的情况，也不存在显失公平的情况，依法应当予以保护和支持。

▶ 27. 夫妻财产约定是否可以采用口头形式

案例

杨某是一位作家，与季某结婚后，继续在位于某社区的家中写作；女性独有的敏感，让其觉察到季某可能是个不靠谱的人。因此，为了能给自己将来一个保障，杨某便和季某口头约定，自己以后赚的稿费都是自己的个人财产，而季某赚的钱，应该当作夫妻共同财产。季某虽有不满，但也勉强答应了杨某的口头约定。后来二人因为财产问题，经常起争执，最后闹到了离婚的地步（杨某婚后创作了两本书，稿费共计 15 万元），但是二人对于口头约定的内容是否有效，各持己见。

解析

夫妻共同财产可以通过约定的方式进行规定，至于如何规定，只要不涉及法律禁止性的内容，都是有效的。但是，《民法典》第 1065 条规定，

“男女双方可以约定婚姻关系存续期间所得的财产以及婚前财产归各自所有、共同所有或者部分各自所有、部分共同所有。约定应当采用书面形式”。该条规定“约定应当采用书面形式”中的“应当”,不能与“必须”的法律含义作同等解释。因此,欠缺书面形式的口头约定,只要夫妻双方没有争议,就是有效的。由此可见,本案中,如果季某对他和杨某之间的口头约定不予认可,那么口头约定就显然是无效的;杨某和季某婚后所得财产,如杨某婚后创作的稿费所得15万元,应当属于夫妻共同财产。

▶ 28. 夫妻间赠与房产是否可以反悔

案例

于某大学毕业之后,收入丰厚。工作了几年之后,父母出了些钱,加上自己的积蓄,于某就购置了位于某社区的一套两居室。后于某与方某相恋。2017年1月,方某和于某结婚之后,就搬进了于某的房子居住。婚后,于某总觉得自己比方某年纪大很多,担心方某有什么别的想法,于是,他给方某写了书面赠与协议,将其婚前购置的房子在两人结婚1年后过户到方某名下。于某的父母知道了于某和方某的这个约定,都很反对。他们认为,一旦离婚,于某自己就没有保障了。如果于某反悔,方某还能获得这套房子吗?

解析

最高人民法院《关于适用〈中华人民共和国民法典〉婚姻家庭编的解释(一)》第32条规定,婚前或者婚姻关系存续期间,当事人约定将一方所有的房产赠与另一方或者共有,赠与方在赠与房产变更登记之前撤销赠与,另一方请求判令继续履行的,人民法院可以按照《民法典》第658条的规定处理。而《民法典》第658条规定,赠与人在赠与财产的权利转移之前可以撤销赠与。经过公证的赠与合同或者依法不得撤销的具有救灾、扶贫、助残等公益、道德义务性质的赠与合同，不适用前款规定。

本案中，于某和方某约定赠与房产，虽然赠与协议是有效的，但在过户之前，于某可以撤销赠与。

29. 夫妻在离婚协议中约定房子归子女所有，离婚后可以撤销约定吗

案例

陈某和裴某于2019年1月登记结婚，婚后育有一女，后因感情不和，2021年1月陈某起诉离婚。双方经法院调解离婚，离婚时对婚后购买、共同共有的位于某社区的一处房屋不予以分割，而是通过协议，约定该房屋所有权在男方付清贷款后归双方的女儿所有。后裴某起诉至法院称：协议所述房屋贷款尚未还清，房屋产权还未进行变更登记，即还未实际赠与子女，目前还属于夫妻双方共有财产，现不想将该房屋属于自己的部分赠与子女，主张撤销之前的赠与行为，由法院依法对诉争房屋进行分割。裴某可以撤销之前离婚协议约定的内容吗？

解析

陈某和裴某在婚姻关系存续期间均知悉该房屋系夫妻共同财产，对于诉争房屋的处理，双方在离婚时达成协议，将房屋赠与子女，而且该意思表示是建立在双方夫妻身份关系解除的基础之上。在双方离婚后，裴某不同意履行对诉争房屋的处理约定，并要求分割诉争房屋，其诉讼请求法律根据不足，也有违诚信。

夫妻双方在离婚时已经对共同财产的处分形成合意，共同表示将房屋赠与未成年子女，该意思表示真实有效，理应对双方产生拘束力。因赠与行为系夫妻双方共同作出，故在离婚后一方想要根据《民法典》第658条第1款的规定，单方撤销赠与时，亦应取得双方合意。故裴某不能单独

撤销之前离婚协议约定的内容。

▶ 30. 离婚诉讼中,经济条件是否为争取孩子抚养权的决定性因素

案例

宋某大学毕业后,就一直在某外企当行政秘书,后来与该外企老板的儿子杨某谈恋爱,半年后二人登记结婚。宋某嫁进杨家之后,辞去了现有的工作,在家中做起了全职太太。婚后,二人育有一子。可好景不长,在孩子刚满周岁的时候,宋某发现了杨某在外和他人同居,于是决定和杨某离婚。但杨家主张,离婚可以,孩子要留下,因为杨家经济条件好,而宋某没工作,根本养不起孩子。经济条件是不是争取孩子抚养权的决定性因素?

解析

《民法典》第1084条第3款规定:"离婚后,不满两周岁的子女,以由母亲直接抚养为原则。已满两周岁的子女,父母双方对抚养问题协议不成的,由人民法院根据双方的具体情况,按照最有利于未成年子女的原则判决。子女已满八周岁的,应当尊重其真实意愿。"

此外,最高人民法院《关于适用〈中华人民共和国民法典〉婚姻家庭编的解释(一)》第44条规定:离婚案件涉及未成年子女抚养的,对不满两周岁的子女,按照《民法典》第1084条第3款规定的原则处理。母亲有下列情形之一,父亲请求直接抚养的,人民法院应予支持:(1)患有久治不愈的传染性疾病或者其他严重疾病,子女不宜与其共同生活;(2)有抚养条件不尽抚养义务,而父亲要求子女随其生活;(3)因其他原因,子女确不宜随母亲生活。

本案中,宋某与杨某的孩子刚满周岁,一般情况下法院会判给宋某。

杨某可以通过支付抚养费的形式来承担抚养义务。

▶ 31. 去民政局办理离婚手续,听说要有离婚“冷静期”了

案例

杨某和王某是一对夫妇,通过几年的打拼,婚后共同购置了房产、车辆,让生活变得更加舒适。可让妻子王某没想到的是,物质水平的提高,并没有换来爱情的升华,等来的却是丈夫杨某对婚姻和家庭的背叛。现在杨某想以离婚结束这段婚姻。双方通过沟通,决定去民政局离婚,但听说现在有“冷静期”这一说了,而不像以前一样,半天就能办理完离婚手续。

解析

《民法典》第1077条规定:自婚姻登记机关收到离婚登记申请之日起30日内,任何一方不愿意离婚的,可以向婚姻登记机关撤回离婚登记申请。前款规定期限届满后30日内,双方应当亲自到婚姻登记机关申请发给离婚证;未申请的,视为撤回离婚登记申请。

本案中,王某自认为他们的婚姻出现了不可调和的矛盾,《民法典》中这“30日”就是所谓的冷静期,目的就是给配偶双方一个缓冲的机会,让更多的婚姻家庭被挽救和调和。毕竟婚姻关系无小事,不能冲动行事。

▶ 32. 父母生了二胎,哥哥有义务抚养二胎弟弟吗

案例

高某一直在某市打拼,且已购置房屋,还在该市落了户、扎了根。某天突然听到一个让他愕然的消息,父母生了一个二胎弟弟,这让高某很不开心,因为父母的身体本来就不好,加上现在养孩子的成本很高,甚至他自己都曾经想过婚后要不要孩子的问题。现在高某想知道,他对这个二

胎弟弟有没有抚养义务?

解析

《民法典》第1075条规定:“有负担能力的兄、姐,对于父母已经死亡或者父母无力抚养的未成年弟、妹,有扶养的义务。由兄、姐扶养长大的有负担能力的弟、妹,对于缺乏劳动能力又缺乏生活来源的兄、姐,有扶养的义务。”

本案中,如果高某的父母没有抚养能力,那么高某就有义务抚养弟弟。高某也不必思想压力太大,法律已经明确规定,由他抚养长大的弟弟,如果高某将来自己生活困难的时候,弟弟也有义务扶养高某。

▶ 33. 继母担心将来没地方居住,该怎么办

案例

王某丧偶后,又与李某再婚。婚后,二人又共同购置一处房产用来居住。此外,王某和李某约定不再生育子女,共同抚养王某的儿子小王。这日子一过就是几十年,现在小王也已经长大成人,有了自己的家庭。某天,小王找到父亲王某商量,孙子小小王快到上小学的年纪,由于王某和李某居住的房子属于学区房,片区内的学校师资力量很强,所以希望将房子过户到小王的名下,给小小王上学用。王某自然不会反对什么,毕竟是给自己的亲孙子上学用。但继母李某却有顾虑,毕竟小王不是自己亲生的,自己只是继母,她担心将来会被小王扫地出门,但又不想直接拒绝小王,导致继母子之间的关系破裂,毕竟李某没有亲生的子女,将来还要指望小王养老。李某如何保障其居住权呢?

解析

《民法典》第366条规定:“居住权人有权按照合同约定,对他人的住

宅享有占有、使用的用益物权,以满足生活居住的需要。”第 367 条规定:“设立居住权,当事人应当采用书面形式订立居住权合同。居住权合同一般包括下列条款:(一)当事人的姓名或者名称和住所;(二)住宅的位置;(三)居住的条件和要求;(四)居住权期限;(五)解决争议的方法。”第 368 条规定:“居住权无偿设立,但是当事人另有约定的除外。设立居住权的,应当向登记机构申请居住权登记。居住权自登记时设立。”

本案中,继母李某可以通过去房屋登记部门设立居住权,保障自己晚年在房屋中居住的权利,也能避免继母子之间关系产生裂痕。

▶ 34. 录像遗嘱是否有效

案例

李某甲父母育有一儿一女,2019 年 1 月 6 日父亲去世,并未留下任何形式的遗嘱。2020 年 2 月 2 日,母亲去世前,在两位邻居的见证下,以录像方式立下遗嘱。录像内容展示,母亲说在自己生病期间,儿子一直尽心照料,决定把一套房产留给儿子李某甲,存款 8 万元则留给女儿李某乙。母亲在 2020 年 5 月 2 日去世。女儿李某乙认为,录像遗嘱并非法定形式,母亲的财产应当通过法定继承。

解析

《民法典》第 1137 条规定:“以录音录像形式立的遗嘱,应当有两个以上见证人在场见证。遗嘱人和见证人应当在录音录像中记录其姓名或者肖像,以及年、月、日。”据此可知,录像遗嘱已经是我国法律明确规定的一种合法形式,所以录像遗嘱,只要符合上述法定条件,就是有效的,可以排除法定继承。

35. 公证遗嘱具有优先性吗

案例

王某两口子育有3个子女,老两口曾公证了一份遗嘱,名下一套房子,3个子女各占1/3份额。自从老两口将这份公证遗嘱给孩子们看了之后,其中两个子女不仅不照顾老人了,还隔三岔五地给老人气受。而老两口生命的最后几年一直生活在小女儿家,小女儿也对这老两口悉心照料,完全尽到了赡养义务。2021年元旦,老两口又立了一份自书遗嘱,将公证遗嘱里面的那套房子,所有份额写明均由小女儿继承。老两口相继去世后,另外两个子女知道这份自书遗嘱后,认为以前的那份公证遗嘱具有优先性,后来立的自书遗嘱是无效的。真的是这样吗?

解析

《民法典》第1142条规定:"遗嘱人可以撤回、变更自己所立的遗嘱。立遗嘱后,遗嘱人实施与遗嘱内容相反的民事法律行为的,视为对遗嘱相关内容的撤回。立有数份遗嘱,内容相抵触的,以最后的遗嘱为准。"在《民法典》施行之前,的确有公证遗嘱有优先性这一说,但《民法典》施行之后,无论是何种形式的遗嘱,以最后一份遗嘱为准。所以,本案中的自书遗嘱是有效的,而那份之前立的公证遗嘱已经失去法律效力。

36. 游戏装备可以继承吗

案例

周某甲和周某乙是亲兄弟,父母已经相继去世。哥哥周某甲成家之后,每日过着"打工人"的安稳日子。而一直单身的弟弟周某乙则是当地有名的"网吧大神",靠在网游里面"打金"度日,按照周某乙的说法,每天打金虽然挣得不多,但最起码能养活自己,比那些天天"朝九晚五"的打工日子潇洒多了。另外,为了增加收入,周某乙还利用手机,把自己"打金"的过程,录制成 Vlog 视频,通过某自媒体平台分享发布,靠流量也能赚钱。有一天,周某乙走运了,在"打金"过程中,获得了一把号称"千年难遇"的顶级装备"天人合一龙霸裁决刀",曾有人跟他报价 10 万元人民币。周某乙自然知道这把装备的厉害之处,所以并未出售,还通过这把装备,提高了"打金"的效率,又能多赚一些钱。可人到中年的周某乙还以为自己的身体跟十八九岁的年轻人一样,通宵对周某乙的身体伤害非常大,在一次通宵"打金"的过程中,周某乙猝死。周某乙名下的虚拟游戏装备,可以继承吗?

解析

《民法典》第 124 条规定:"自然人依法享有继承权。自然人合法的私有财产,可以依法继承。"《民法典》第 1122 条规定:"遗产是自然人死亡时遗留的个人合法财产。依照法律规定或者根据其性质不得继承的遗产,不得继承。"

在《民法典》施行之前,《继承法》曾经采取"列举 + 概括"的方式规定遗产的范围,但随着人民群众的财富形式和财富类型不断增加,《继承法》的规定,已经很难涵盖遗产的全部范围。为了避免引起不必要的法律纠纷,《民法典》已经采用概括式,明确规定了遗产的范围。此规定不仅能帮助人民群众合理处理被继承人的财产,也能适应现今经济高速发展的现实需求。所以本案中周某乙名下的虚拟游戏装备,可以由周某甲继承。

▶ 37. 打骂和遗弃老人的儿女,有恢复继承权的可能吗

案例

宋某早年丧偶,为了不让两个子女受气,未曾再娶。既当爹又当妈的

宋某把两个孩子抚养长大后,落下一身毛病。儿子从小就听话,现在长大了,也对自己很好,只可惜人在外国工作。而女儿从小就叛逆,现在长大了不仅不孝顺,还经常对自己又打又骂,还经常说宋某是“克妻命”,这让已经退休十几年的宋某非常难过。最令人生气的是,在一次吵架过后,女儿竟然将宋某轰出了家门,遗弃了宋某。儿子听说父亲已经流落街头的遭遇后,毅然辞去了外国的工作,回国发展,并将父亲接到身边照顾和赡养。现今,宋某只要一想到女儿对自己的种种行为,就气得浑身哆嗦,他决定,名下的财产,都由儿子继承。而儿子是个非常顾及亲情的人,也经常劝父亲,毕竟是亲生的闺女,一家人团圆才是最重要的。如果女儿“浪子回头”,有可能恢复继承权吗?

解析

《民法典》第 1125 条规定:继承人有下列行为之一的,丧失继承权:(1)故意杀害被继承人;(2)为争夺遗产而杀害其他继承人;(3)遗弃被继承人,或者虐待被继承人情节严重;(4)伪造、篡改、隐匿或者销毁遗嘱,情节严重;(5)以欺诈、胁迫手段迫使或者妨碍被继承人设立、变更或者撤回遗嘱,情节严重。继承人有前款第 3 项至第 5 项行为,确有悔改表现,被继承人表示宽恕或者事后在遗嘱中将其列为继承人的,该继承人不丧失继承权。受遗赠人有本条第 1 款规定行为的,丧失受遗赠权。

本案中,如果女儿确有悔改表现,宋某表示原谅的,女儿还是有恢复继承权的可能的。

38. 哥哥的子女能继承弟弟的遗产吗

案例

赵某甲和赵某乙一对亲兄弟,父母早亡。哥哥赵某甲从事“朝九晚五”的规律工作,并和妻子育有一子。天有不测风云,赵某甲在一次工伤中,先于弟弟赵某乙去世。单身无子女的弟弟赵某乙长期从事运输工作,生活很不规律,也很辛苦,经常疲劳驾驶,他在一次长途送货过程中遭遇交通事故,也送了命。赵某甲的儿子能继承叔叔赵某乙的遗产吗?

解析

《民法典》第1128条规定:“被继承人的子女先于被继承人死亡的,由被继承人的子女的直系晚辈血亲代位继承。被继承人的兄弟姐妹先于被继承人死亡的,由被继承人的兄弟姐妹的子女代位继承。代位继承人一般只能继承被代位继承人有权继承的遗产份额。”本案中,赵某甲的儿子可以继承叔叔赵某乙的遗产。

第七篇
侵　权

▶ 1. 教唆的人需要承担责任吗

案例

某社区附近开了一家饭店，居民余某与陈某约在一起喝酒，陈某知悉余某不胜酒力，一沾酒就醉，醉后容易受他人教唆实施暴力行为。陈某便利用这一点，借机灌醉余某，并教唆余某殴打吴某。陈某是否需要承担责任？

解析

教唆侵权行为，指的是教唆人并未直接实施对他人的侵害行为，但通过鼓动、怂恿、刺激等方法唆使他人实施侵害行为。本案中，陈某明知余某不胜酒力，在醉酒的状态下容易受人教唆作出一些侵害行为，却故意教唆余某对吴某实施暴力行为，根据《民法典》第 1169 条第 1 款的规定，教唆、帮助他人实施侵权行为的，应当与行为人承担连带责任。因此，陈某和余某在本案中应当承担连带责任。

▶ 2. 在免费游乐项目中受伤，由谁承担责任

案例

季某带女儿去游乐场游玩，由于当天恰好是季某女儿的生日，该游乐场有部分娱乐项目免费向过生日的小朋友提供，小姑娘就选择了一些免费的项目来玩。季某女儿乘坐的一架旋转飞翔飞行器在上升的过程中，飞行器突然在高空停止，又急速降落，导致季某的女儿身体受伤。该游乐场以免费提供娱乐项目为由，拒绝提供赔偿。该起事件由谁承担责任？

解析

《民法典》第 1198 条第 1 款规定："宾馆、商场、银行、车站、机场、体

育场馆、娱乐场所等经营场所、公共场所的经营者、管理者或者群众性活动的组织者,未尽到安全保障义务,造成他人损害的,应当承担侵权责任。”《消费者权益保护法》第18条第1款规定:“经营者应当保证其提供的商品或者服务符合保障人身、财产安全的要求。对可能危及人身、财产安全的商品和服务,应当向消费者作出真实的说明和明确的警示,并说明和标明正确使用商品或者接受服务的方法以及防止危害发生的方法。”

本案中,游乐场的经营者在季某女儿生日当天为其提供免费的娱乐服务,理应尽到安全保障义务。其娱乐设施突发故障,导致季某女儿受伤,行为与损害结果之间存在因果关系,因此,该游乐场在此事故中,应承担全部的侵权责任。

3. 在餐馆被烫伤了,由谁承担责任

案例

王某的孙女刚刚满月,家人为了给她庆祝,便约了亲朋好友,来到某饭店庆祝。该饭店有一道特色菜叫“锅仔香辣鱼”。在上菜时,新来的服务员没有端好,将该锅砸到了王某的孙女身上。由于温度太高,王某的孙女身上有20%的皮肤被烫伤。此种烫伤事故,由谁来承担侵权责任?

解析

《民法典》第1198条第1款规定:“宾馆、商场、银行、车站、机场、体育场馆、娱乐场所等经营场所、公共场所的经营者、管理者或者群众性活动的组织者,未尽到安全保障义务,造成他人损害的,应当承担侵权责任。”

本案中,餐馆应当为消费者提供安全可靠的就餐环境,但因为其服务员不小心而烫伤了消费者,应当承担侵权责任。

▶ 4. 行人掉入窨井，由谁承担责任

案例

某小区是新建的小区，秦某就在该小区附近工作，为了上班方便，他在该小区承租了一套两室一厅的房屋。由于秦某的工作性质需要经常加班，平日里他都是深夜回家。某天，秦某像往常一样步行回家，进入小区之后，不慎掉入一口没有覆盖井盖的窨井中。巡逻的保安将秦某救起，并拨打了“120”，将其送至小区附近的医院。经过医院的检查，秦某身上有多处擦伤，并造成了胫骨骨折，在治疗的过程中，花去医药费数万元。后经过了解得知，该口窨井的管理者是当地的城建部门。秦某受到的伤害，该由谁来承担责任？

解析

《民法典》第1258条规定：“在公共场所或者道路上挖掘、修缮安装地下设施等造成他人损害，施工人不能证明已经设置明显标志和采取安全措施的，应当承担侵权责任。窨井等地下设施造成他人损害，管理人不能证明尽到管理职责的，应当承担侵权责任。”

本案中，由于城建部门管理的窨井未覆盖任何防护措施，秦某掉入井中摔伤，花去医药费数万元，城建部门因此应当承担侵权责任。若查明秦某对受伤亦有过错，法院可判其承担相应责任。

▶ 5. 给他人帮工受伤，被帮工人是否应该承担责任

案例

郭某是一位装修工人。某天，赵大爷给郭某打来电话，说自家的阳台由于年久失修，不是透风就是漏雨，实在烦恼，自己的子女又远在外地，所以请郭某过来帮忙修理阳台。郭某带上工具便来到了赵大爷的家里。赵

大爷在旁边给郭某打下手,由于当天刚好赶上刮大风,在更换阳台窗户的过程中,窗框松动,郭某从赵大爷家位于二楼的阳台跌落,身体多处骨折。赵大爷是否要承担责任?

解析

根据最高人民法院《关于审理人身损害赔偿案件适用法律若干问题的解释》第13条、第14条规定,无偿提供劳务的帮工人因帮工活动遭受人身损害的,根据帮工人和被帮工人各自的过错承担相应的责任;被帮工人明确拒绝帮工的,被帮工人不承担赔偿责任,但可以在受益范围内予以适当补偿。

本案中,帮工人郭某受到被帮工人赵大爷的邀约,来给赵大爷帮忙修理阳台,在该过程中,郭某受到伤害。根据上述规定,赵大爷应当承担赔偿责任。

6. 未成年人铁路上玩耍发生事故,由谁承担责任

案例

文某夫妇有两个孩子:大文和小文,暑假在奶奶家过,但令文某夫妇有些担心的是,奶奶家附近原来有人看管的铁道口,今年看管人被撤走,只是竖了一些警告牌,变成无人看管的铁道口。某天,小文背着哥哥大文和其他小伙伴,偷着去铁道口玩"铁道游击队"的游戏,被过往的火车撞伤。后关于责任承担问题,文某夫妇与铁路部门发生争议。该事故的责任由谁来承担?

解析

《民法典》第1240条规定:"从事高空、高压、地下挖掘活动或者使用高速轨道运输工具造成他人损害的,经营者应当承担侵权责任;但是,能

够证明损害是因受害人故意或者不可抗力造成的,不承担责任。被侵权人对损害的发生有重大过失的,可以减轻经营者的责任。”《铁路法》第58条规定:“因铁路行车事故及其他铁路运营事故造成人身伤亡的,铁路运输企业应当承担赔偿责任;如果人身伤亡是因不可抗力或者由于受害人自身的原因造成的,铁路运输企业不承担赔偿责任。违章通过平交道口或者人行过道,或者在铁路线路上行走、坐卧造成的人身伤亡,属于受害人自身的原因造成的人身伤亡。”

通过上述规定可知,根据前者,本案应由铁路部门承担责任,而根据后者,本案又应当由小文自己承担责任。看似矛盾,但根据特别法优于普通法的一般法律原则,后者貌似又更站得住脚。但是,如果让“普通人”承担如此重大伤害事故责任,又有失偏颇,因此,2001年我国又先后出台了《关于进一步加强铁路无人看守道口监护管理工作的通知》以及最高人民法院《关于审理铁路运输人身损害赔偿纠纷案件适用法律若干问题的解释》,其中第6~7条规定,因受害人翻越、穿越、损毁、移动铁路线路两侧防护围墙、栅栏或者其他防护设施穿越铁路线路,偷乘货车,攀附行进中的列车,在未设置人行通道的铁路桥梁、隧道内通行,攀爬高架铁路线路,以及其他未经许可进入铁路线路、车站、货场等铁路作业区域的过错行为,造成人身损害的,应当根据受害人的过错程度适当减轻铁路运输企业的赔偿责任,并按照以下情形分别处理:

(1)铁路运输企业未充分履行安全防护、警示等义务,受害人有上述过错行为的,铁路运输企业应当在全部损失的80%至20%之间承担赔偿责任;

(2)铁路运输企业已充分履行安全防护、警示等义务,受害人仍施以上述过错行为的,铁路运输企业应当在全部损失的20%至10%之间承担赔偿责任。

受害人横向穿越未封闭的铁路线路时存在过错,造成人身损害的,按照前条规定处理。

受害人不听从值守人员劝阻或者无视禁行警示信号、标志硬行通过铁路平交道口、人行过道,或者沿铁路线路纵向行走,或者在铁路线路上坐卧,造成人身损害,铁路运输企业举证证明已充分履行安全防护、警示等义务的,不承担赔偿责任。

因此,本案中,小文的监护人未尽到法定义务,造成小文在无人看守的铁道口玩耍,致其被列车撞伤的损害后果,需承担主要责任。铁路部门虽然设置了警示牌,却撤掉该铁道口的看守人员,这也是小文发生被撞伤事故的重要原因,因此铁路部门需要承担次要责任。

7. 被侵权人自身有过错,该如何处理

案例

退休居民马某身患骨质增生,通过广告得知一种治疗骨质增生的特效药。通过咨询,该药品销售代表告知了马某以下信息:该药为遵医嘱的处方药,对治疗"骨质增生"具有特殊效果,所以建议马某购买。最后在医药销售代表的建议下,马某从该医药销售公司购买了3个疗程的药品。后马某过量服用该药出现浑身乏力、头晕呕吐等症状。马某被家人送去当地医院,被诊断为重度肝损伤。马某家人在和该药品的销售公司的协商过程中,该公司声称自己没有责任,因为该药品在说明书上已经写明,服用该药有可能造成肝脏损伤的后果,是马某自己不看说明书,才造成如此严重后果,所以拒绝承担任何责任。该医药销售公司的做法合法吗?

解析

《民法典》第1173条规定:"被侵权人对同一损害的发生或者扩大有过错的,可以减轻侵权人的责任。"本案中,我国法律有明确的规定,处方药应当在患者有医院处方之时才能销售给患者,而该医药销售公司明知马某没有医生开具的处方,仍将该药出售给马某,其存在过错,应当承担

主要责任。马某在没有医生开具处方的情况下购买该药,并且在未认真阅读服用说明书的情况下便服用,属于对用药过程中可能产生的不良反应未尽到注意义务和采取必要措施,因此,马某对其自身的损害后果承担次要责任。

8. 景区岩石崩塌致人损伤,由谁承担侵权责任

案例

某市著名景点地处某山区,游客们往返都需要经过几千米悬崖峭壁,所幸悬崖之下的公路修得很宽,并且设置了警示标志,且对该路段进行了安全事故隐患的排查,所以也没什么危险。来自某社区的游客陈某在景区游玩时,峭壁岩石突然发生崩塌,导致陈某当场重伤。后经当地的地质环境监测部门组成的地质灾害联合调查组进行现场勘验调查,该起事故属于在天然条件下发生的,无人为因素,亦无法进行预见。针对此结论,陈某的家属并不认可。该起事故中,此路段的管理者是否应当承担责任?

解析

根据《民法典》第 180 条规定:“因不可抗力不能履行民事义务的,不承担民事责任。法律另有规定的,依照其规定。不可抗力是不能预见、不能避免且不能克服的客观情况。”

本案中,该段公路的管理者理应承担保障车辆和行人安全通过的义务,但是,该案的发生为峭壁岩石崩塌所致,那就需要弄清楚,该事件是否属于不可抗力。我们通过案例的陈述可知,该路段的管理者已经尽到了“排查安全隐患,设置警示标志”的义务;又根据调查报告得知,在现有的技术条件下对此事故无法进行预见,因此发生岩石崩塌事故并非该路段的管理者故意或者过失所致,显然符合不可抗力的法律规定。所以该路

段的管理者,无须承担侵权责任。

9. 为躲避违规穿行路人发生交通事故,该如何承担责任

案例

陈某是一位非常注重行驶安全的老司机,驾龄20多年,没出现过一次交通违章行为。某日,大雪,当陈某驾车行驶到某商场附近时,忽然发现骑车人冯某违规横穿公路,陈某立刻采取了转向并刹车的避让措施,但由于雪天路滑,加之车速并不慢,陈某与相向而行的王某驾驶的小轿车发生碰撞,导致王某受伤,双方车辆受到不同程度的损坏。由于在避让的过程中,陈某驾驶车辆的车尾向右侧滑动之时,又将违规横穿公路的冯某撞倒,致冯某当场死亡。事后交警认定:陈某在雪天行驶的过程中,采取避险措施不当,导致交通事故,应负事故的主要责任;交通事故中的死者冯某因违规横穿公路,加上对过往车辆观察不够,应负事故的次要责任;被撞的王某属于正常驾驶机动车,对事故不负责任。陈某认为,该起事故为横穿公路的冯某所致,理应由冯某承担责任。该起交通事故,应当由谁来承担责任?

解析

本案是一起典型的紧急避险引发的交通事故,对于紧急避险中引发的侵权责任,该如何承担呢?

《民法典》第182条规定:"因紧急避险造成损害的,由引起险情发生的人承担民事责任。危险由自然原因引起的,紧急避险人不承担民事责任,可以给予适当补偿。紧急避险采取措施不当或者超过必要的限度,造成不应有的损害的,紧急避险人应当承担适当的民事责任。"

本案中,原本该起事故为违规横穿公路的冯某所引起,但作为有20多年驾龄的老司机陈某,虽然面对冯某的危险行为采取了避险措施,但其

明知在雪天路滑的环境下,大幅转向会造成危险,实际上也导致了冯某死亡、王某受伤和汽车受损的危害结果,显然属于避险不当。因此,应当根据交通部门作出的认定,由陈某承担该起交通事故的主要责任,由冯某承担次要责任。

▶ 10. 搬家过程中家具受损,由谁承担责任

案例

姜某找搬家公司搬家,搬家公司的员工李某和吴某在搬一套家具时,不小心将家具从楼梯上摔落,造成家具破损。双方在协商赔偿的时候,搬家公司的员工说,这不能怨他们,只怪这家具实在太沉,因此拒绝赔偿。到底由谁来承担责任?

解析

《民法典》第 1191 条第 1 款规定:“用人单位的工作人员因执行工作任务造成他人损害的,由用人单位承担侵权责任。用人单位承担侵权责任后,可以向有故意或者重大过失的工作人员追偿。”

本案中,搬家公司的员工不慎损坏姜某的家具,属于正在执行工作任务中的行为,因此,应当由搬家公司承担侵权责任。

▶ 11. 工作过程中过失损坏他人财物,由谁赔偿

案例

洪某发现自己停在小区指定停车位上的车辆被剐蹭。在警方的协助下,通过物业调出了当天的监控录像,发现是前一晚值班巡逻的保安开车剐蹭了洪某的车辆。该名保安第二天即辞职,下落不明。洪某主张,让物业公司赔偿其损失。但物业公司表示,该名保安是派遣员工,并主张这是他个人的行为,拒绝赔偿。洪某的损失应由谁来承担责任?

解析

《民法典》第1191条第2款规定："劳务派遣期间，被派遣的工作人员因执行工作任务造成他人损害的，由接受劳务派遣的用工单位承担侵权责任；劳务派遣单位有过错的，承担相应的责任。"保安一般由保安公司派遣到物业公司进行相关工作，本案中，并未发现保安公司有何过错行为，根据上述规定，应当由接受派遣的物业公司承担侵权责任，赔偿洪某轿车被剐蹭所造成的损失。

12. 雇员致人损伤，由谁承担赔偿责任

案例

邻居李某带着自己的孩子来胡某家串门，在闲聊的过程中，胡某家的保姆于某不小心将手中碗里的开水洒到了李某的孩子身上。经医院治疗，李某的孩子花去医疗费数千元。关于责任的承担问题，胡某及其保姆都说自己没责任。该事件谁来承担责任？

解析

《民法典》第1192条规定："个人之间形成劳务关系，提供劳务一方因劳务造成他人损害的，由接受劳务一方承担侵权责任。接受劳务一方承担侵权责任后，可以向有故意或者重大过失的提供劳务一方追偿。提供劳务一方因劳务受到损害的，根据双方各自的过错承担相应的责任。提供劳务期间，因第三人的行为造成提供劳务一方损害的，提供劳务一方有权请求第三人承担侵权责任，也有权请求接受劳务一方给予补偿。接受劳务一方补偿后，可以向第三人追偿。"

本案中，胡某是接受劳务的一方，提供劳务的保姆是在提供劳务的过程中造成李某孩子烫伤的后果的，因此，应当由胡某承担侵权责任，赔付李某孩子因治疗花去的数千元医疗费。

▶ 13. 孩子在学校被打伤,由谁承担责任

案例

江某的儿子小江15岁,品学兼优,就读于某重点中学。小江在一次去实验室帮老师拿教学工具的过程中,被几个看着"面生"的人打了一顿。学校保安赶来制止,"小混混"四处逃窜,随后保安立即把小江送到医务室治疗。事后经警方调查,这几个混进学校的"小混混"利用监控的死角,翻墙进入学校,是来报复人的,但由于错将小江认成了别人,才打了小江。在该起事件中,谁来承担责任?

解析

《民法典》第1201条规定:"无民事行为能力人或者限制民事行为能力人在幼儿园、学校或者其他教育机构学习、生活期间,受到幼儿园、学校或者其他教育机构以外的第三人人身损害的,由第三人承担侵权责任;幼儿园、学校或者其他教育机构未尽到管理职责的,承担相应的补充责任。幼儿园、学校或者其他教育机构承担补充责任后,可以向第三人追偿。"

本案中,学校已尽到管理职责,而"小混混"才是侵权责任人,因此应当由"小混混"承担侵权责任,赔偿江某儿子因被暴打而受到的损失。

▶ 14. 孩子住校被同学打伤,由谁承担责任

案例

陈某将儿子小陈安排到一所寄宿制学校念书,小陈和同宿舍的小吴在某天21时熄灯后,因为商讨第二天早上谁来给暖水瓶打水的问题,发生争执。小陈被壮如小牛的小吴打伤。孩子在学校被同学打伤,由谁来承担责任?

解析

《民法典》第1200条规定:“限制民事行为能力人在学校或者其他教育机构学习、生活期间受到人身损害,学校或者其他教育机构未尽到教育、管理职责的,应当承担侵权责任。”本案中,小陈被送至寄宿制学校进行封闭式管理学习,学校理应保障小陈的安全,但晚上熄灯后,学校老师并没有采取巡视宿舍的管理措施,并且在殴打事件之后,未告知家长,学校有明显过错,因此应当承担主要责任。小吴的监护人亦应当对小吴的侵权行为承担责任,但根据责任大小,小吴的监护人在本案中承担次要责任。

▶ 15. 逛商场被打伤,由谁承担责任

案例

在某大型商场商品促销活动中,王某由于未领到打折的商品,气急败坏,将一位消费者揍了一顿,揍完便扬长而去,商场也没有人敢出手管理此事。事后,被打的消费者徐某找到商场,让其赔偿自己的损失,但商场却以王某并不是商场员工为由拒绝赔偿。徐某的损伤应由谁来承担责任?

解析

《民法典》第1198条规定:“宾馆、商场、银行、车站、机场、体育场馆、娱乐场所等经营场所、公共场所的经营者、管理者或者群众性活动的组织者,未尽到安全保障义务,造成他人损害的,应当承担侵权责任。因第三人的行为造成他人损害的,由第三人承担侵权责任;经营者、管理者或者组织者未尽到安全保障义务的,承担相应的补充责任。经营者、管理者或者组织者承担补充责任后,可以向第三人追偿。”

本案中,王某故意找碴儿出气,将徐某殴打致伤,应当承担主要责任,

但在王某打人的过程中和打完之后，商场并没有尽到安保义务，因此应当对徐某受到的伤害承担补充责任。

▶ 16. 商品致人损害，被侵权人应向谁索赔

案例

冯某在当地的一家农贸市场选购了一款性价比较高的电饭锅，令冯某没想到的是，在一次煮饭的过程中，电饭锅突然发生爆炸，致使冯某右眼被炸伤。事后在与农贸市场小贩协商赔偿的时候，该小贩并不能提供该电饭锅的生产者信息，并且拒绝承担冯某的医药费，拒绝的理由竟然是“一分钱一分货，出现这种事故，也只能怪你贪图便宜，怨不得别人”。农贸市场小贩在出现该爆炸事故后，并不能提供电饭锅生产者的信息，谁来承担责任？

解析

《民法典》第 1203 条规定：“因产品存在缺陷造成他人损害的，被侵权人可以向产品的生产者请求赔偿，也可以向产品的销售者请求赔偿。产品缺陷由生产者造成的，销售者赔偿后，有权向生产者追偿。因销售者的过错使产品存在缺陷的，生产者赔偿后，有权向销售者追偿。”

本案中，农贸市场小贩，向冯某出售其不能提供生产者信息的缺陷产品，最终导致冯某受到伤害，小贩主张的“便宜没好货”的理由并不能免除其对冯某受到的伤害所应承担的责任。

▶ 17. 商场赠品致害，商场承担责任吗

案例

高某为某小区的新房购置一台电水箱，商场将剃须刀作为赠品赠给高某。高某使用剃须刀的时候，下巴数处被割伤。他找到商家讨要医药

费,商家却主张赠品是免费的,本身就没赚,还赔了钱,现在出了问题,只能由高某自己负责。商场应该承担责任吗?

解析

赠品虽然看似免费,但实质上也是折合在主商品销售价格内的,因此商家出售的商品中所含的赠品依然被视为其所出售的商品。《消费者权益保护法》第 40 条第 1 款、第 2 款规定:"消费者在购买、使用商品时,其合法权益受到损害的,可以向销售者要求赔偿。销售者赔偿后,属于生产者的责任或者属于向销售者提供商品的其他销售者的责任的,销售者有权向生产者或者其他销售者追偿。消费者或者其他受害人因商品缺陷造成人身、财产损害的,可以向销售者要求赔偿,也可以向生产者要求赔偿。属于生产者责任的,销售者赔偿后,有权向生产者追偿。属于销售者责任的,生产者赔偿后,有权向销售者追偿。"

本案中,高某受到赠品的侵害,应适用上述规定,如果高某主张由商场承担责任,商场理应承担责任。

▶ 18. 商品因商家运输仓储而受损,消费者应向谁索赔

案例

杨某通过抢购的方式,在某电商处以"秒杀价"抢到了一款心仪已久的"水果"手机。在收到货后的第三天,该手机就出现频繁花屏和重启的故障,通过手机客服的检测,发现该手机曾经进过水,但根据该品牌手机的保修条例,进水属于保修免责条款,手机客服因此拒绝对杨某的手机出具退换货的检测报告。杨某认为自己很冤,便又联系该电商,该电商依然以手机进水属于免责条款为由,拒绝退换货。杨某觉得自己每天都是小心翼翼地使用该手机,绝不可能出现自己导致手机进水的情况,便联系了当地的几家媒体。通过媒体的帮助,该电商终于给了杨某一个说法:"经

本公司查明，杨先生的手机系快递公司在运输的过程中，为其保管仓库漏水所致。”杨某的损失应由谁承担？

解析

《民法典》第1204条规定：“因运输者、仓储者等第三人的过错使产品存在缺陷，造成他人损害的，产品的生产者、销售者赔偿后，有权向第三人追偿。”

本案中，虽然该手机的故障是快递公司仓库漏水所致，但消费者依然可以找手机的生产者或者销售者即该电商索赔，之后再由进行赔付的生产者或者销售者向快递公司追偿。

▶ 19. 租赁机动车发生交通事故，该如何进行责任划分

案例

洪某租用一辆轿车，在正常行驶的过程中，不知道什么原因，租来的轿车突然刹车失灵，急速行驶中的轿车根本停不下来，洪某只得跳车逃离。在跳车的过程中，由于洪某身手矫健，只是受到了一些皮外伤，但刹车失灵的轿车还是将一位行人撞伤。在该起刹车失灵的事故中，由谁来承担责任？

解析

《民法典》第1209条规定：“因租赁、借用等情形机动车所有人、管理人与使用人不是同一人时，发生交通事故造成损害，属于该机动车一方责任的，由机动车使用人承担赔偿责任；机动车所有人、管理人对损害的发生有过错的，承担相应的赔偿责任。”

本案中，发生交通事故的车辆是洪某租来的，车辆所有人应当保证该轿车的安全使用性能，且致害的主要原因是刹车失灵，洪某为了保命不得

不弃车而逃,因此洪某在该起事故中并无过错,所以不承担责任。至于责任的最终承担者,应当根据上述规定,由保险公司在机动车强制保险责任限额范围内予以赔偿;超出的范围,由机动车所有人承担相应的赔偿责任。

▶ 20. 车辆已交付,但未完成过户时发生交通事故致人损伤,责任由谁承担

案例

郑某将车卖给同事朱某,朱某在付了全款之后,便将车开走。后由于郑某临时出差,便未与朱某办理车辆过户手续。郑某在出差回来之后得知,朱某在驾驶该车之时,发生了交通事故,将一行人撞伤,现在受害者将朱某和郑某一同起诉至法院,要求二人承担赔偿责任。郑某是否承担责任?

解析

《民法典》第1210条规定:“当事人之间已经以买卖或者其他方式转让并交付机动车但是未办理登记,发生交通事故造成损害,属于该机动车一方责任的,由受让人承担赔偿责任。”

本案中,郑某和朱某就郑某的车辆达成二手车买卖协议,朱某支付了全款,郑某交付了车辆,后由于郑某工作原因,并未及时办理车辆过户手续,在此期间,又恰巧赶上朱某发生了交通事故,郑某对于朱某的交通事故并无过错。因此,根据上述规定,由保险公司在机动车强制保险责任限额范围内予以赔偿;不足部分,由受让人朱某承担赔偿责任。

▶ 21. 车辆被盗之后发生交通事故，车辆所有人需要赔偿吗

案例

陈某发现自己的车辆被偷了，便向警方报了案。在等待警方破案的过程中，陈某突然收到了法院的传票，说自己的车辆发生了交通事故，肇事者已经逃逸，受害者家属只能将车主陈某起诉至法院，要求其承担责任。陈某的车辆被盗之后发生的交通事故，由谁来承担责任？

解析

《民法典》第1215条规定："盗窃、抢劫或者抢夺的机动车发生交通事故造成损害的，由盗窃人、抢劫人或者抢夺人承担赔偿责任。盗窃人、抢劫人或者抢夺人与机动车使用人不是同一人，发生交通事故造成损害，属于该机动车一方责任的，由盗窃人、抢劫人或者抢夺人与机动车使用人承担连带责任。保险人在机动车强制保险责任限额范围内垫付抢救费用的，有权向交通事故责任人追偿。"

本案中，陈某的车辆在被盗窃时间段内，发生了交通事故，肇事者逃逸，在受害者家属找不到肇事者的情况下，应当由保险公司在机动车强制保险责任限额范围内垫付抢救费用。如果日后找到盗窃车辆的嫌疑人或者肇事者，再由其承担责任，保险公司亦可向其追偿。

▶ 22. 交通事故肇事者逃逸，受害人该怎么办

案例

高某在遛弯儿的过程中，被一辆套牌的报废车撞倒，肇事者弃车逃逸。由于该车属于报废车，又被改装过，根本无法查询其来源。高某被抢救过来之后，在医院治疗了近1年才出院。出院后的高某，越想心里越生气，难道在找不到肇事者的情况下，只能自认倒霉吗？

解析

《民法典》第1216条规定:“机动车驾驶人发生交通事故后逃逸,该机动车参加强制保险的,由保险人在机动车强制保险责任限额范围内予以赔偿;机动车不明、该机动车未参加强制保险或者抢救费用超过机动车强制保险责任限额,需要支付被侵权人人身伤亡的抢救、丧葬等费用的,由道路交通事故社会救助基金垫付。道路交通事故社会救助基金垫付后,其管理机构有权向交通事故责任人追偿。”

本案中,高某的遭遇非常值得同情,在常人看来,这种情况下,貌似只能由高某自认倒霉,其实不然。法律已经明确规定,高某的抢救费用,应当由社会救助基金垫付。

23. 环境污染因果关系举证责任由谁承担

案例

胡某是当地有名的养鱼大王,原本味道鲜美可口的鱼产品,最近却有股怪味充斥其中,使胡某的鱼类在市场上根本卖不出去。胡某想起了其养鱼场附近有一家化工厂,怀疑鱼的怪味为化工厂排污污染所致,便聘请了专业人员对其水质进行检测。不出胡某所料,其养鱼场的水质果然受到化工厂的污染。现在胡某想起诉这家化工厂,举证责任如何分配?

解析

《民法典》第1230条规定:“因污染环境、破坏生态发生纠纷,行为人应当就法律规定的不承担责任或者减轻责任的情形及其行为与损害之间不存在因果关系承担举证责任。”

本案中,如果胡某起诉该化工厂污染侵权,那么其中的举证责任无须胡某承担。在环境污染侵权案件中,实行“举证责任倒置”原则,由化工厂举证证明胡某的养鱼场受到污染与自己的排污行为无关。

▶ 24. 路面塌陷致人损伤，由谁承担责任

案例

高某骑摩托车下班途中，路面突然发生塌陷，与高某同位置的其他行人，均掉进一个3米多深的沟内，多人有不同程度受伤。事后经过调查，是某地下挖掘施工工程偷工减料导致了此次事故。高某的损伤应由谁来承担责任？

解析

《民法典》第1240条规定："从事高空、高压、地下挖掘活动或者使用高速轨道运输工具造成他人损害的，经营者应当承担侵权责任；但是，能够证明损害是因受害人故意或者不可抗力造成的，不承担责任。被侵权人对损害的发生有重大过失的，可以减轻经营者的责任。"

本案中，地下挖掘施工偷工减料致使行人摔伤的侵权事故，应当由该施工工程管理者对受害者承担侵权责任。

▶ 25. 邻居故意挑逗宠物狗因而被咬伤，由谁承担责任

案例

王某与余某是同一楼层的住户，余某看到王某牵着狗，故意躲着自己，便紧走两步堵在王某准备绕道而行的路上，并对王某嚷道："我告诉你，我们家有小孩，你这天天遛狗，把我们家孩子咬了怎么办，我限你今日赶紧把这条狗给处理了，否则，别怪我跟你不客气。"王某懒得理他，继续牵着狗绕道走。余某见王某竟然不理会自己，顿时怒火中烧，抬起一脚就踢向王某的狗。狗反应敏捷，一侧身躲过余某飞来的一脚，并同时一口咬向余某的小腿。由于是夏天，余某穿着短裤，顿时被咬出一条口子，鲜血流出。王某见状便拨打了"120"，将余某送往医院救治。余某的损伤由

谁来承担责任?

解析

《民法典》第 1245 条规定:“饲养的动物造成他人损害的,动物饲养人或者管理人应当承担侵权责任;但是,能够证明损害是因被侵权人故意或者重大过失造成的,可以不承担或者减轻责任。”

本案中,王某知道余某并不喜欢自己的爱犬,所以绕道而行,而余某并不领情,故意拦住王某,并用脚踹王某的狗,最后导致狗咬人事件,应该由余某自己承担后果。王某已经尽到管理责任,无须承担责任。

26. 被动物园里的动物咬伤,由谁承担责任

案例

小学生李某和张某结伴参观动物园。新引进的老虎园体验很特殊,把人放进一个笼子里面,通过输送机放进老虎园,让老虎在外面围观人类。李某和张某觉得很有意思,便买了票去体验。虽然进老虎园很刺激,但令人意外的事件还是发生了。李某因为看见有一只小老虎很可爱,就伸出手去抚摸,旁边的虎妈妈窜向游人笼子。李某躲闪不及,胳膊被老虎死死地咬住不放。老虎园的管理员赶紧出手相救,才让李某脱险,但李某的胳膊还是被老虎咬伤了。在该起老虎伤人事件中,由谁来承担责任?

解析

《民法典》第 1248 条规定:“动物园的动物造成他人损害的,动物园应当承担侵权责任;但是,能够证明尽到管理职责的,不承担侵权责任。”

本案中,未成年人李某进入老虎园参观老虎,将手伸出摸虎崽,管理员并未出手制止,足以见得管理员未尽到管理职责。因此,动物园应当对

李某的损害承担侵权责任。

▶ 27. 猫咪爱好者收养野猫扰民，该如何解决

案例

秦某是一位白领，由于工作的压力，患上了失眠症和抑郁症。如果不服用安眠药，根本无法入睡。最近楼上又搬来一个新住户江某，江某是一位猫咪爱好者，专门收养流浪猫，入住一个月以来，收养了十几只流浪猫。令秦某无法忍受的是，每到夜深人静的时候，就会传来此起彼伏的猫叫声，吵得秦某彻底睡不着，吃安眠药都不管用。其他邻居也有意见，认为江某收养流浪猫的行为太扰民了，这该如何解决？

解析

《民法典》第1251条规定："饲养动物应当遵守法律法规，尊重社会公德，不得妨碍他人生活。"

本案中，江某收养流浪猫的行为虽然在道德上值得赞赏，但也应当遵守法律，其收养十几只流浪猫并养在楼房里的行为已经严重妨害了他人的生活，因此应当主动搬离，给流浪猫找一处适合养它们的地方，避免扰民。

▶ 28. 行人在小区里被抛掷物品砸伤，由谁承担责任

案例

方某在一座居民楼下行走时，不知道谁从楼上扔下一个玻璃烟灰缸，刚好砸中了方某的头部，方某顿时鲜血淋漓。方某抬头望去，也不知是从谁家的窗户砸出来的，只得报警处理。方某的损伤由谁来承担责任？

解析

《民法典》第1254条第1款规定："禁止从建筑物中抛掷物品。从建

筑物中抛掷物品或者从建筑物上坠落的物品造成他人损害的,由侵权人依法承担侵权责任;经调查难以确定具体侵权人的,除能够证明自己不是侵权人的外,由可能加害的建筑物使用人给予补偿。可能加害的建筑物使用人补偿后,有权向侵权人追偿。”

本案中,受害者方某只能确定是在这座居民楼下被砸,并不能指出是哪一家具体侵权人所为,因此,该栋建筑物的使用人对方某被砸的损伤承担补偿责任,除非建筑物使用人能够证明自己不是侵权人。

▶ 29. 患者出院后,经常收到医疗广告,该怎么办

案例

陈某由于在谈恋爱过程中,受过精神刺激,每日都是浑浑噩噩,后经家人送到某精神病院进行诊治,被确诊为患有轻度的精神分裂症。在未经过陈某允许的情况下,该医院为了创收,擅自将陈某的个人信息,包括身份信息、病史信息、病情信息等内容打包出售给某医药公司。

现在已经出院的陈某隔三岔五,就接到精神类药物和器材的电话广告和短信骚扰,这让陈某不胜其扰,甚至导致其病情加重。家人向卫生部门举报,通过调查,才知道是这家精神病院将病人档案出售的。陈某及其家人该怎么办?

解析

《民法典》第1226条规定:“医疗机构及其医务人员应当对患者的隐私和个人信息保密。泄露患者的隐私和个人信息,或者未经患者同意公开其病历资料的,应当承担侵权责任。”

本案中,医疗机构擅自将陈某的患者信息出售给其他公司,造成陈某的病情加重,该医疗机构应当对陈某承担赔偿责任。

▶ 30. 患者家属是否有权要求医院提供病历

案例

李某因身体突感难受去某医院进行治疗,在诊疗过程中,被诊断为心力衰竭。之后医院对其进行了包括吸氧、强心、补钾、利尿等抢救措施,送到病房住下。7 天之后,李某出现了高钾血症的情况,最后经抢救无效离世。

家属要求查看病历,但该医院借口各种理由拒绝患者家属的要求。家属很担心医院存在修改病历的情况。家属有权要求医院提供病历吗?

解析

《民法典》第 1225 条规定:"医疗机构及其医务人员应当按照规定填写并妥善保管住院志、医嘱单、检验报告、手术及麻醉记录、病理资料、护理记录等病历资料。患者要求查阅、复制前款规定的病历资料的,医疗机构应当及时提供。"

实践中,一旦出现医疗纠纷,病历是患者维权的重要依据,有了病历,才好与医疗机构协商,甚至通过行政或者司法途径解决。本案中的李某家属当然有权要求医院提供病历。

▶ 31. 射击场误操作导致居民受伤,怎么办

案例

孙某在周末的时候,看天气不错,决定去某山坡郊游。某山坡附近有一处远近闻名的民用射击场,是射击爱好者的乐园。最近该射击场研发了一款新的射击装备,正在搞试射。不料,一颗跳弹将郊游的孙某击伤。此案由谁承担损害赔偿责任?

解析

《民法典》第1236条规定:“从事高度危险作业造成他人损害的,应当承担侵权责任。”

本案中,武器尤其是射击用的弹药容易造成人身或者财产的高度危险,一旦被付诸使用,潜在的高度危险,可能转换为现实损害。因此在试射过程中,理应在场地、程序、操作流程等方面有着极为严格的要求,进而防止造成他人损害。孙某正常郊游,却被试射的跳弹打伤,该射击场应当对孙某的受伤承担损害赔偿责任。

▶ 32. 帮忙接送孩子出现意外,谁来担责

案例

章某是个全职母亲,每天的主要工作是照顾孩子。祝某是一位中学老师,与章某是朋友关系,由于平时工作很忙,无暇接送孩子放学,所以经常委托章某帮忙接自己的孩子放学。章某和祝某的孩子,均在同一所幼儿园上学,两个孩子也非常喜欢在一起玩耍,所以只要祝某让章某帮忙接孩子,章某在接自己孩子的同时,就一起将祝某的孩子也接回来。有时候,祝某的孩子还在章某家吃饭,这种无偿接送的关系,一直持续了两年多。可令人没想到的是,某天下午,作为老师的祝某,虽然去接孩子了,但在幼儿园门口,祝某和章某的孩子,要一起玩耍,不愿意回家。而祝某又要着急去上班,所以便像往常一样,让章某帮忙把孩子先接回章某家。章某自然又答应了,祝某上班后,两个孩子又玩了一阵。傍晚时分,章某将自己的孩子放在电动车的踏板处站立着(这个位置是有安全隐患的),安全起见,将祝某的孩子放在了更安全的电动车安全后座上(这个位置相对于章某自己的孩子,更安全)。可天有不测风云,章某在骑行过程中,坐在安全后座位置上的祝某孩子竟然掉下电动车,手指挫伤。祝某要求章某赔偿孩子受伤的治疗费用。章某需要赔偿吗?

解析

章某不需要承担赔偿责任。《民法典》第 6 条规定:“民事主体从事民事活动,应当遵循公平原则,合理确定各方的权利和义务。”根据最高人民法院《关于审理人身损害赔偿案件适用法律若干问题的解释》第 13 条、第 14 条的规定,无偿提供劳务的帮工人,在从事帮工活动中致人损害的,被帮工人应当承担赔偿责任。被帮工人承担赔偿责任后向有故意或者重大过失的帮工人追偿的,人民法院应予支持。被帮工人明确拒绝帮工的,不承担赔偿责任。

本案中是一个典型的无偿帮工关系,俗称“助人为乐”。章某在无偿帮工过程中,将自己的孩子置于有安全隐患的电动车脚踏板上,而将被帮工人祝某的孩子放在更安全的安全后座上,足以说明已经尽到了相应的义务。虽然出现了谁都不愿意见到的受伤结果,但根据上述法律及司法解释的规定,无偿帮工人章某造成他人损害的,要由被帮工人祝某自己承担相应责任。

第八篇
交 通 肇 事

1. 开车撞了人，可以“私了”吗

案例

春节时，王某在家乡搞了一场高中同学聚会，他喝得酩酊大醉，不顾同学们的好言相劝，自己开车回家。由于正赶上大雾天气，视野很不好，加上在酒精的作用下，王某没有采取相应减速措施，在一个交通路口处和另外一辆机动车发生碰撞，所幸只是汽车出现不同程度的破损，没有人员损伤。这起交通事故，王某可以“私了”吗？

解析

根据《道路交通安全法》第70条规定，在道路上发生交通事故，未造成人身伤亡，当事人对事实及成因无争议的，可以即行撤离现场，恢复交通，自行协商处理损害赔偿事宜；不即行撤离现场的，应当迅速报告执勤的交通警察或者公安机关交通管理部门。机动车与机动车、机动车与非机动车在道路上发生未造成人身伤亡的交通事故，当事人对事实及成因无争议的，在记录交通事故的时间、地点、对方当事人的姓名和联系方式、机动车牌号、驾驶证号、保险凭证号、碰撞部位，并共同签名后，撤离现场，自行协商损害赔偿事宜。当事人对交通事故事实及成因有争议的，应当迅速报警。对仅造成人员轻微伤或者发生财产损失事故，当事人对事实或者成因有争议的，以及虽然对事实或者成因无争议，但协商损害赔偿未达成协议的财产损失事故，公安机关交通管理部门可以适用简易程序处理，但是有交通肇事犯罪嫌疑的除外。

本案中，并没有造成人身伤害，但王某存在醉酒后驾驶机动车的犯罪嫌疑，因此必须报警处理，不能通过“私了”解决此事。

2. 后悔“私了”解决交通事故,该怎么办

案例

赵某在步行去庙会公园的路上,被一辆电动车撞倒,赵某报警之后,由于自觉身体并没什么异样,且车主陈某愿意赔偿2000元,便同意和陈某在交警的见证下,达成和解协议。晚上,赵某突然头晕呕吐,并出现昏厥。家人赶紧拨打了“120”,送到当地急救中心,经过诊断,赵某的头晕呕吐正是白天交通事故所致,由于病情恶化,颅内已经出血,赵某一直昏迷不醒,并被送进了重症加强护理病房。经过三天两夜的抢救,赵某脱离了生命危险,但全身意识丧失,处于植物人的状态。后来,赵某的家人拿出和陈某签订的和解协议,了解了交通事故的来龙去脉,认为和解协议无效。

解析

根据《道路交通安全法》第70条的相关规定,在道路上发生交通事故,车辆驾驶人应当立即停车,保护现场;造成人身伤亡的,车辆驾驶人应当立即抢救受伤人员,并迅速报告执勤的交通警察或者公安机关交通管理部门。未造成人身伤亡,当事人对事实及成因无争议的,可以即行撤离现场,恢复交通,自行协商处理损害赔偿事宜。因抢救受伤人员变动现场的,应当标明位置。乘车人、过往车辆驾驶人、过往行人应当予以协助。

本案中,王某因该起交通事故受重伤,不适用自行协商。交通管理部门应当重新对本案进行调查处理,在调查的基础上,认定该事故的事实与责任,依法追究陈某的法律责任。

3. 孩子在小区内被撞，属于交通事故吗

案例

某小区的面积非常大，环境很好，安保措施一流，禁止非小区的社会车辆进入。没有其他车辆进入，业主们开车出行非常方便。杨某是上班族，平日都是开车上下班。某天，他开车下班进入小区之后，在小区的道路上缓慢地行驶着，由于接听手机，不慎将在小区道路上行走的女童叶某蹭倒，其父当场将杨某的车辆拦下，与其理论。所幸女童无大碍，双方在协商赔偿事宜的时候，无法达成协议。叶某的父亲认为，这完全是杨某的责任；而杨某则认为，叶某的父亲并未尽到监护义务，并且对在小区内出现的此起事件是否属于交通事故也提出疑问。

解析

根据《道路交通安全法》第119条的规定，“道路”，是指公路、城市道路和虽在单位管辖范围但允许社会机动车通行的地方，包括广场、公共停车场等用于公众通行的场所。《道路交通安全法》第77条规定，车辆在道路以外通行时发生的事故，公安机关交通管理部门接到报案的，参照《道路交通安全法》有关规定办理。

本案中，小区安保措施到位，禁止社会车辆进出，因此在这个小区道路上出现的事故，并非交通事故，但同样可以报警处理。

4. 被外地司机撞了，本地交警管吗

案例

水果摊主老宋家住某社区，在收摊时，一辆机动车突然冲上人行道，将水果摊连同老宋一起撞飞。所幸老宋只受到轻微的擦伤，当时就起来和司机理论，司机竟然气急败坏地说：“别挡我道，我有急事”，扔下一张

名片,驾车离去。后来,老宋在联系肇事者的时候,肇事者又提出一个令老宋难以接受的说法。肇事者说自己不是老宋所在城市的人,如果想报警解决,得去肇事者所在地的城市。这起事故到底应该由哪个地方的警察来解决?

解析

根据《道路交通安全法》第70条的规定,在道路上发生交通事故,车辆驾驶人应当立即停车,保护现场;造成人身伤亡的,车辆驾驶人应当立即抢救受伤人员,并迅速报告执勤的交通警察或者公安机关交通管理部门。因抢救受伤人员变动现场的,应当标明位置。乘车人、过往车辆驾驶人、过往行人应当予以协助。

本案中,肇事司机引起交通事故以有急事为由逃离的行为,本身就是违法的,一旦因为肇事者的原因没保护好现场,而出现无法认定责任大小与事故成因的情况,均由肇事者一方承担。此外,发生交通事故之后,应当由事故发生地的交警处理,肇事者认为由其户籍所在地的警察处理的想法是没有法律根据的。

5. 交通事故责任认定书何时出来

案例

已经退休的王某,在去早市买菜的路上被一辆机动车撞倒,报警之后,交警到了现场,并对双方进行了相关询问。之后,王某便被送往医院进行治疗。王某在医院接受4个月的治疗之后,被鉴定为七级伤残。为了维权,王某需要交警为其出具交通事故认定书,但并未如愿。直到该交通事故发生半年之后,交警才向双方出具交通事故认定书,判定双方负有同等责任。但此时肇事方早已下落不明,根本找不到人。为此,王某认为,是交警出具交通事故认定书的时间太长,才导致肇事者无迹可寻。交警出具交通事故认定书有期限吗?

解析

《道路交通事故处理程序规定》第62条规定:"公安机关交通管理部门应当自现场调查之日起十日内制作道路交通事故认定书。交通肇事逃逸案件在查获交通肇事车辆和驾驶人后十日内制作道路交通事故认定书。对需要进行检验、鉴定的,应当在检验报告、鉴定意见确定之日起五日内制作道路交通事故认定书。"

本案并不存在交通肇事逃逸的情形,但交警部门半年之后才出具交通事故认定书,远远超出期限,应当承担相应的法律责任。

6. 可以拒绝酒驾检测吗

案例

孙某酒后驾驶汽车,被拦了下来。由于喝了酒,孙某拒绝检测,并强行将车开走。孙某有权拒绝检测吗?

解析

《道路交通安全违法行为处理程序规定》第33条规定,车辆驾驶人有下列情形之一的,应当对其检验体内酒精、国家管制的精神药品、麻醉药品含量:(1)对酒精呼气测试等方法测试的酒精含量结果有异议的;(2)涉嫌饮酒、醉酒驾驶车辆发生交通事故的;(3)涉嫌服用国家管制的精神药品、麻醉药品后驾驶车辆的;(4)拒绝配合酒精呼气测试等方法测试的。对酒后行为失控或者拒绝配合检验的,可以使用约束带或者警绳等约束性警械。

本案中,孙某具有酒驾行为,必须接受酒精检测;如果孙某拒绝,交警可以采取相应的约束性措施。

7. 对交通事故处理有异议,该怎么办

案例

某小学的学生李某在往某居民楼的路上发生了车祸,大腿骨折。在医院治疗几个月后,花去医药费数万元。在这起交通事故中,肇事方负全责,但双方在协商赔偿事宜之时,一直未达成协议。现在,李某的家长该怎么办?

解析

《道路交通安全法》第74条第1款规定:“对交通事故损害赔偿的争议,当事人可以请求公安机关交通管理部门调解,也可以直接向人民法院提起民事诉讼。”根据《道路交通安全法实施条例》第94条和第95条的相关规定,当事人对交通事故损害赔偿有争议,各方当事人一致请求公安机关交通管理部门调解的,应当在收到交通事故认定书之日起10日内提出书面调解申请。对交通事故致死的,调解从办理丧葬事宜结束之日起开始;对交通事故致伤的,调解从治疗终结或者定残之日起开始;对交通事故造成财产损失的,调解从确定损失之日起开始。公安机关交通管理部门调解交通事故损害赔偿争议的期限为10日。调解达成协议的,公安机关交通管理部门应当制作调解书送交各方当事人,调解书经各方当事人共同签字后生效;调解未达成协议的,公安机关交通管理部门应当制作调解终结书送交各方当事人。交通事故损害赔偿项目和标准依照有关法律的规定执行。

本案中,受害方可以申请交警部门调解,或者向人民法院提起诉讼。

▶ 8. 被车撞了之后,可以请他人代为参与调解吗

案例

杨某是某学校的老师,寒假期间,由于学校有活动,原本已经放假的杨某只得加班。由于加班参与的活动并非在学校内举行,杨某只能自行前往活动举办地。某天下了雪,杨某非常小心地骑着自行车去加班,但还是出了车祸,对方全责,杨某事后被鉴定为八级伤残。双方均同意由交警部门主持调解工作,但现在杨某不方便行走,他可以请他人代为参与调解吗?

解析

《道路交通事故处理程序规定》第 89 条规定:“参加损害赔偿调解的人员包括:(一)道路交通事故当事人及其代理人;(二)道路交通事故车辆所有人或者管理人;(三)承保机动车保险的保险公司人员;(四)公安机关交通管理部门认为有必要参加的其他人员。委托代理人应当出具由委托人签名或者盖章的授权委托书。授权委托书应当载明委托事项和权限。参加损害赔偿调解的人员每方不得超过三人。”

本案中,杨某由于交通事故造成身体不便的伤害,他可以委托第三人作为代理人参与调解工作,但应当以书面形式注明委托权限。

▶ 9. 向警方举报车祸线索,可以获得奖励吗

案例

某日,某社区居民孙某在遛弯的时候,突然发现一辆急速行驶的小轿车闯红灯,将一名通过人行横道的路人撞倒。发生交通事故之后,这辆车非但没有停下报警,反而开得更快了。事后,警方在走访调查的时候,孙某向警方提供了关键的线索,警方根据该线索成功地抓获了肇事嫌疑人。

孙某能否获得奖励?

解析

《道路交通安全法》第71条规定:"车辆发生交通事故后逃逸的,事故现场目击人员和其他知情人员应当向公安机关交通管理部门或者交通警察举报。举报属实的,公安机关交通管理部门应当给予奖励。"

本案中,孙某在警方调查的第一时间便向警方提供了能够直接破案的线索,警方应当给予孙某奖励。

▶ 10. 在车祸中负次要责任,该如何赔偿

案例

冯某是一位出租车司机,某天,他像往常一样,早上7点的时候,载着乘客行驶在公路上,由于这个时候无论是机动车还是行人的数量都比较多,所以冯某的注意力非常集中,但总有一些行人,不顾交通规则,为了图省事,经常在危险地段横穿公路。虽然冯某已经高度注意了,但还是在早上发生了交通事故,在划分责任的时候,违规的行人负主要责任,冯某负次要责任。冯某该如何承担赔偿责任?

解析

《道路交通安全法》第76条第1款第2项规定:"机动车与非机动车驾驶人、行人之间发生交通事故,非机动车驾驶人、行人没有过错的,由机动车一方承担赔偿责任;有证据证明非机动车驾驶人、行人有过错的,根据过错程度适当减轻机动车一方的赔偿责任;机动车一方没有过错的,承担不超过百分之十的赔偿责任。"

《道路交通事故处理程序规定》第60条规定:公安机关交通管理部门应当根据当事人的行为对发生道路交通事故所起的作用以及过错的严

重程度，确定当事人的责任。(1)因一方当事人的过错导致道路交通事故的，承担全部责任；(2)因两方或者两方以上当事人的过错发生道路交通事故的，根据其行为对事故发生的作用以及过错的严重程度，分别承担主要责任、同等责任和次要责任；(3)各方均无导致道路交通事故的过错，属于交通意外事故的，各方均无责任。一方当事人故意造成道路交通事故的，他方无责任。

本案中，冯某在这起交通事故中承担次要责任。

11. 骑自行车撞人，该如何赔偿

案例

宋某在骑自行车上班途中，将一位骑三轮车的老太太撞翻，导致老太太肋骨骨折。宋某想知道这起事故该如何处理？

解析

《道路交通安全法实施条例》第 87 条规定："非机动车与非机动车或者行人在道路上发生交通事故，未造成人身伤亡，且基本事实及成因清楚的，当事人应当先撤离现场，再自行协商处理损害赔偿事宜。当事人对交通事故事实及成因有争议的，应当迅速报警。"

本案中，宋某的肇事行为导致老太太肋骨骨折属于造成了人身伤亡，应当迅速报警，并保护好现场。

12. 车祸后，对方不履行调解协议，该怎么办

案例

王某骑电动车驶过一个十字路口的时候，一辆图方便的机动车突然转弯逆行，和王某相撞。后经过责任认定，机动车司机全责，双方在交警的主持下，达成调解协议。但事发 1 个多月之后，机动车司机迟迟不肯履

行调解协议上的内容,并且找各种理由,最后竟然说这事都怨王某,并明确表示他不想履行这份调解协议了。王某应该怎么办?

解析

根据《道路交通安全法》第74条的规定,发生交通事故之后,经公安机关交通管理部门调解,当事人未达成协议或者调解书生效后不履行的,当事人可以向人民法院提起民事诉讼。由此可知,当人们在现实生活中遇见这种背信弃义的肇事者,可以直接向人民法院提起民事诉讼,尽量避免陷入和对方无休止的“扯皮”中。

▶ 13. 车祸后,可以扣下肇事车辆吗

案例

李某在一次跑长途的过程中,由于疲劳驾驶,将行人王某撞伤。在发生车祸的时候,王某的亲属眼见李某的车辆将王某蹭倒在地,担心李某跑掉,便将李某的车辆扣下,在警方赶来之前,开走并藏了起来。如果李某不赔偿王某的伤害损失,王某可以扣押李某的货车吗?

解析

《道路交通事故处理程序规定》第39条规定:“因收集证据的需要,公安机关交通管理部门可以扣留事故车辆,并开具行政强制措施凭证。扣留的车辆应当妥善保管。公安机关交通管理部门不得扣留事故车辆所载货物。对所载货物在核实重量、体积及货物损失后,通知机动车驾驶人或者货物所有人自行处理。无法通知当事人或者当事人不自行处理的,按照《公安机关办理行政案件程序规定》的有关规定办理。”

本案中,除了交警部门可以扣车之外,他人无权扣车。王某亲属应当将车辆移交给交警部门;如果拒绝移交,其可能受到治安管理处罚。

14. 被车撞了，肯定是由机动车一方承担全部责任吗

案例

王某是一名退休职工，在横穿马路的时候，被一辆超速行驶的机动车撞倒。事后，在交警认定责任的时候，王某和机动车被认定为同等责任。王某认为，自己虽然横穿了马路，但自己用身体面对机动车，属于弱势群体，机动车应当负全责。

解析

《道路交通安全法》第 62 条规定：“行人通过路口或者横过道路，应当走人行横道或者过街设施；通过有交通信号灯的人行横道，应当按照交通信号灯指示通行；通过没有交通信号灯、人行横道的路口，或者在没有过街设施的路段横过道路，应当在确认安全后通过。”《道路交通事故处理程序规定》第 60 条第 1 款第 2 项规定，“因两方或者两方以上当事人的过错发生道路交通事故的，根据其行为对事故发生的作用以及过错的严重程度，分别承担主要责任、同等责任和次要责任”。

本案中，虽然行人面对机动车是弱势群体，但也应当遵守交通规则，王某违反交通规则横穿马路，最后发生交通事故，并被交警认定为同等责任，因此，王某需要对自己的行为负责。

15. 发生连环撞车，责任该如何认定

案例

刘某在驾车回家过程中，机动车出现故障，他将汽车停在小型车的车道内。此时郭某驾驶着一辆未开启远光大灯的机动车朝着刘某机动车的方向疾驶过来，因为正处于晚上，光线不好，加上郭某驾车时精神不集中，郭某的车辆撞在了刘某的车身上，刘某在躲闪的时候被撞伤。而在郭某

的后面,张某驾驶着机动车也未开远光大灯,来不及躲闪,撞到了郭某机动车的尾部,最终三辆机动车发生了连环撞车事故。此案中,该如何认定责任?

解析

《道路交通安全法实施条例》第60条规定,机动车在道路上发生故障或者发生交通事故,妨碍交通又难以移动的,应当按照规定开启危险报警闪光灯,并在车后50米至100米处设置警示标志,夜间还应当同时开启示廓灯和后位灯。

本案中,刘某在出现车辆故障后,原本可以将车移动到不妨碍交通的地方,但他继续将故障车辆停在机动车车道内,违反了上述规定,造成了交通安全方面的隐患,阻碍了畅通的交通秩序。虽然刘某在此起交通事故也受到了伤害,但正是刘某违反交通法规的行为造成此起交通事故,因此他的过错行为是该起交通事故的决定性因素,他在此起事故中负有主要责任。郭某在驾驶机动车过程中并未按照规定开启远光大灯,且在行车过程中精神不集中,未能及时发现危险,属于未履行注意义务。张某也同样存在不开远光大灯、精神不集中等违法行为,但郭某、张某二人的违法行为并非决定性原因,与刘某的违法行为相比处于次要地位,所以郭某、张某二人应当负次要责任。

16. 大雾致交通事故,该怎么办

案例

周某和吴某合伙跑长途,当车辆行驶至某市境内之时,突然遇上百年不遇的大雾天气。在车辆雾灯失效的情况下,路面的能见度极低,吴某建议将车靠边,等雾散了再走,周某却对吴某说:“你怎么这么磨磨唧唧的,咱们时间很紧,这么大的雾天,路上没几个人的。”于是,车辆继续向前行驶，行驶到一条尚未划分机动车道和非机动车道的公路上时，悲剧发生了，周某驾驶的车辆撞上一辆农用三轮车，导致农用三轮车驾驶人重伤。周某认为，交通事故是当地恶劣的天气原因造成的，他可以免责。这种看法成立吗？

解析

《民法典》第180条规定："因不可抗力不能履行民事义务的，不承担民事责任。法律另有规定的，依照其规定。不可抗力是不能预见、不能避免且不能克服的客观情况。"

本案中，虽然遇见了大雾天气，但机动车驾驶人周某明知车辆雾灯在故障无法使用的情况下继续上路非常危险，且旁边的吴某也提示过周某，如果不修雾灯，会出现危险。这说明周某能够预见雾灯故障可能导致的交通事故危险，因此，本案中出现的交通事故，不能以天气原因免责。

17. 不服交警对车祸的认定，该怎么办

案例

郭某开车行驶在上班的路上，忽然看见前方百米处有人招手拦车。由于此时已是年关，郭某经常看法律节目，知道此时最容易出现侵财案件，担心遇到打劫的，就不准备停车。但他为了驾驶安全，在快靠近这名男子之时，他降低了车速，这名男子看见郭某车速降低了，便上前要求其停车，郭某本来就不打算停车，他就打了一下方向盘，准备避过此人。但此人看见郭某躲着自己，便故意上前跟着郭某躲避的方向，左右拦截，郭某最终躲避不及，将此人撞成重伤。事后交警通过现场勘查，认定此事故中郭某负主要责任。郭某觉得很冤，对交警的交通事故认定书不服，该怎么办？

解析

《道路交通安全法》第 73 条规定:“公安机关交通管理部门应当根据交通事故现场勘验、检查、调查情况和有关的检验、鉴定结论,及时制作交通事故认定书,作为处理交通事故的证据。交通事故认定书应当载明交通事故的基本事实、成因和当事人的责任,并送达当事人。”

交通事故认定书只是一种证据,如果当事人不服认定,可以走复议的救济途径,但请注意,对此认定不能提起行政诉讼。

18. 肇事者跑了,肇事车上了保险,该怎么办

案例

郑某在超市外的马路上,被一辆小轿车撞折小腿骨。最令他生气的是,肇事者竟然弃车逃逸。肇事者逃逸,郑某可能面临无法赔偿的问题。不过幸运的是,这辆肇事车已经上了第三者强制责任险。但问题是,现在肇事者跑了,这起事故被交警部门认定为肇事逃逸司机全责,郑某可以直接起诉相关的保险公司索赔吗?

解析

《道路交通安全法》第 75 条规定:“医疗机构对交通事故中的受伤人员应当及时抢救,不得因抢救费用未及时支付而拖延救治。肇事车辆参加机动车第三者责任强制保险的,由保险公司在责任限额范围内支付抢救费用;抢救费用超过责任限额的,未参加机动车第三者责任强制保险或者肇事后逃逸的,由道路交通事故社会救助基金先行垫付部分或者全部抢救费用,道路交通事故社会救助基金管理机构有权向交通事故责任人追偿。”

本案中,郑某可以直接起诉相关保险公司,保险公司应当在责任限额内支付郑某因交通事故所产生的救治费用。

19. 报废车发生交通事故该怎么办

案例

高某开着已经达到报废年限的汽车,在山间公路上旅游行驶的时候,刹车和方向盘突然失灵,撞上一辆对面开过来的面包车。后经过交警鉴定,高某负全责。高某该怎么办?

解析

根据《道路交通安全法》第12条的规定,有下列情形之一的,应当办理相应的登记:(1)机动车所有权发生转移的;(2)机动车登记内容变更的;(3)机动车用作抵押的;(4)机动车报废的。《道路交通安全法实施条例》第7条规定,已注册登记的机动车所有权发生转移的,应当及时办理转移登记。《道路交通安全法》第14条规定:"国家实行机动车强制报废制度,根据机动车的安全技术状况和不同用途,规定不同的报废标准。应当报废的机动车必须及时办理注销登记。达到报废标准的机动车不得上道路行驶。报废的大型客、货车及其他营运车辆应当在公安机关交通管理部门的监督下解体。"《民法典》第1210条规定:"当事人之间已经以买卖或者其他方式转让并交付机动车但是未办理登记,发生交通事故造成损害,属于该机动车一方责任的,由受让人承担赔偿责任。"《民法典》第1214条规定:"以买卖或者其他方式转让拼装或者已经达到报废标准的机动车,发生交通事故造成损害的,由转让人和受让人承担连带责任。"

本案中,高某购买报废车辆,在旅行过程中发生交通事故,应当由高某和报废车辆的卖家(如果高某购车时,该车已达报废年限)承担连带责任,赔偿面包车主的损失。

20. 车祸致人死亡,该如何计算抚养费

案例

李某夜间驾车行驶到一处偏僻路段之时,忽然冲出一辆大货车,两车发生交通事故,李某死亡。后经过勘查,交警认为,两车均未履行减速慢行和注意观察的义务,均有过错。但李某的车辆有优先通行权,因此大货车司机负主要责任,李某承担次要责任。李某是孤儿,只有妻子和一个刚满周岁的女儿,本案抚养费如何计算?

解析

《民法典》第1179条规定:"侵害他人造成人身损害的,应当赔偿医疗费、护理费、交通费、营养费、住院伙食补助费等为治疗和康复支出的合理费用,以及因误工减少的收入。造成残疾的,还应当赔偿辅助器具费和残疾赔偿金;造成死亡的,还应当赔偿丧葬费和死亡赔偿金。"最高人民法院《关于审理人身损害赔偿案件适用法律若干问题的解释》第28条规定:被扶养人生活费根据扶养人丧失劳动能力程度,按照受诉法院所在地上一年度城镇居民人均消费性支出和农村居民人均年生活消费支出标准计算。被扶养人为未成年人的,计算至18周岁;被扶养人无劳动能力又无其他生活来源的,计算20年。但60周岁以上的,年龄每增加1岁减少1年;75周岁以上的,按5年计算。被扶养人是指受害人依法应当承担扶养义务的未成年人或者丧失劳动能力又无其他生活来源的成年近亲属。被扶养人还有其他扶养人的,赔偿义务人只赔偿受害人依法应当负担的部分。被扶养人有数人的,年赔偿总额累计不超过上一年度城镇居民人均消费性支出额或者农村居民人均年生活消费支出额。

本案中,李某女儿是仅1周岁的未成年人,肇事司机应当支付抚养费到18周岁成年为止,具体金额要结合当地支付标准计算。

▶ 21. 车祸致人受伤,该如何计算护理费

案例

杨某最近被公司“炒了鱿鱼”,非常烦恼,无处泄愤的他开着车漫无目的地行驶,并没有发觉车速越来越快,悲剧的发生往往在这种不经意之间,当杨某从气愤中缓过神的时候,车已经撞上了一个路边的水果摊,造成水果摊摊主王某重伤。经过勘查,交警认定杨某全责、王某无责。关于护理费的问题,该如何认定?

解析

最高人民法院《关于审理人身损害赔偿案件适用法律若干问题的解释》第8条规定:“护理费根据护理人员的收入状况和护理人数、护理期限确定。护理人员有收入的,参照误工费的规定计算;护理人员没有收入或者雇佣护工的,参照当地护工从事同等级别护理的劳务报酬标准计算。护理人员原则上为一人,但医疗机构或者鉴定机构有明确意见的,可以参照确定护理人员人数。护理期限应计算至受害人恢复生活自理能力时止。受害人因残疾不能恢复生活自理能力的,可以根据其年龄、健康状况等因素确定合理的护理期限,但最长不超过二十年。受害人定残后的护理,应当根据其护理依赖程度并结合配制残疾辅助器具的情况确定护理级别。”

本案中,王某的护理费,应当根据实际情况具体对待。比如,王某需要聘请专业护理人员的,要提供护理费的发票或者收据,根据每天具体产生的护理费进行计算。此外,无论王某是否雇用护工、护理期限是长是短,如果杨某对护理费持有异议,都可以根据鉴定机构出具的鉴定意见计算护理费。

▶ 22. 车祸致人死亡,该如何计算死亡赔偿金

案例

下岗职工李某骑自行车前往应聘地点,在行至某县城一路口时,遭遇一辆逆向行驶的机动车,被该机动车撞致重伤,后送医院抢救无效死亡。家里的顶梁柱突然去世,致使家境本来就贫寒的李某一家雪上加霜。李某的死亡赔偿金该如何计算?

解析

最高人民法院《关于审理人身损害赔偿案件适用法律若干问题的解释》第15条规定:死亡赔偿金按照受诉法院所在地上一年度城镇居民人均可支配收入或者农村居民人均纯收入标准,按20年计算。但60周岁以上的,年龄每增加1岁减少1年;75周岁以上的,按5年计算。

死亡赔偿金,指的是因交通事故死亡,由交通事故责任人按照法定标准给予死者家属一定数额的金钱赔偿。由于在交通事故中,受害人的死亡给其家属以及亲人带来了精神上和物质上的双重巨大打击,理应给予赔偿。

▶ 23. 车祸的诉讼时效是如何规定的

案例

刘某和孙某两家是多年的老邻居,某天刘某家大儿子在跑运输的过程中,由于疲劳驾驶,竟然将回家过年的孙某儿子撞伤。事后,交警认定刘某大儿子在这起交通事故中负全责。由于两家关系一直不错,所以孙某也没好意思跟刘某大儿子要治疗费等费用。但一年多过去了,虽然孙某儿子的骨折已经治愈,但刘某大儿子一直对治疗费等费用只字不提,并且刘某也未对此事给个说法,这让孙某很生气。事情已过去了一年多,孙

家还能维权吗?

解析

《民法典》第188条规定:“向人民法院请求保护民事权利的诉讼时效期间为三年。法律另有规定的,依照其规定。诉讼时效期间自权利人知道或者应当知道权利受到损害以及义务人之日起计算。法律另有规定的,依照其规定。但是,自权利受到损害之日起超过二十年的,人民法院不予保护,有特殊情况的,人民法院可以根据权利人的申请决定延长。”

本案中,孙家赔偿请求权未超过诉讼时效,仍有权提起诉讼请求刘家支付相关费用。

第九篇
借 贷 担 保

1. 房产抵押借贷应怎样偿还

案例

李某和赵某、宋某、叶某是好朋友，是在某家属院社区一块长大的。李某和赵某、宋某大学毕业后，都有一份稳定的工作，只有叶某创业，自己当老板做生意。几个朋友关系一直很好。一年前，叶某在一次聚会中，提起自己的事业遇到了“瓶颈”，需要筹款 120 万元，宋某和赵某二话没说，每人拿出 40 万元，痛痛快快地借给了叶某，李某则提出借给叶某 40 万元可以，但叶某得拿房子进行抵押。叶某便和李某一起去办理了抵押登记手续，李某在银行以转账的形式将 40 万元转到了叶某的账户上。一年后，叶某的生意继续出现滑坡，无力还款，只得将房屋变卖还钱。现在叶某的房子卖了 90 万元，不够偿还 120 万元债务。李某、赵某、宋某三人该如何受偿？

解析

《民法典》第 386 条规定：“担保物权人在债务人不履行到期债务或者发生当事人约定的实现担保物权的情形，依法享有就担保财产优先受偿的权利，但是法律另有规定的除外。”

本案中，李某的 40 万元是有抵押担保物权的，虽然现在抵押的房屋只卖了 90 万元，但叶某应从这 90 万元卖房款中先拿出 40 万元偿还给李某，剩下的 50 万元，在赵某和宋某之间进行平分。因此，在民间借贷经济往来中，涉及大额金钱的，一定要做好抵押登记，避免将来“无钱可要”。

2. 准备继承的遗产能否抵押

案例

王某的父亲于半年前去世了，留下了一套位于市区的住宅。由于和

3个姐姐一直不和,关于这套房产的分配,一直有争议。就在双方闹得不可开交的时候,王某的生意出了问题,急需一笔资金注入,他打算拿父亲的这套房产做抵押,向银行申请贷款,但不知道是否可行。

解析

根据《民法典》第399条的相关规定,所有权、使用权不明或者有争议的财产,不得抵押。本案中争议的房产,是一套还未进行分割的遗产,4个子女作为法定继承人,均有继承的权利,王某无权擅自将该房产进行抵押。由于存在纠纷的遗产,往往是所有权不确定的,为了保障物权的安全,法律禁止对此种类型的财产设定抵押。

3. 可以用半成品抵押借款吗

案例

李某有家以制造设备为主的科技有限公司,为了扩大经营规模,准备向某银行申请贷款,打算以机床和半成品进行抵押。他知道机床设备进行抵押应该没问题,但对半成品是否能够抵押有些拿不准。

解析

根据《民法典》第395条的相关规定,债务人或者第三人有权处分的生产设备、原材料、半成品、产品可以抵押。法律之所以这样规定,是因为在现实的经济生活中,很多企业都需要资金周转,而手里的半成品往往可以成为"救命稻草"。据此可知,李某可以用机床等生产设备以及制造出来的半成品进行抵押设定。

▶ 4. 抵押可以是口头的吗

案例

孙某有个老同学高某,最近手头紧,从孙某处借走30万元用于做生意。由于当年高某曾经帮过自己,所以孙某也就痛快地答应了高某的借款请求,高某也给孙某打了一张欠条,并约定1年后连本带利还款。某天,孙某在看报纸的时候,才知道原来借钱是可以进行抵押的,但迫于朋友关系,并且钱已经借出去了,再谈抵押的事,总觉得面子上挂不住,并且人家也不一定乐意再跟自己签订抵押合同。孙某的妻子却说,现在电话可以录音,你就打电话跟高某说抵押的事情,他如果从电话里同意抵押不就行了? 虽然孙某觉得妻子这招不错,但他总觉得只是打个电话就把抵押的事办了,还是不怎么靠谱。

解析

《民法典》第400条第1款规定:“设立抵押权,当事人应当采用书面形式订立抵押合同。”据此可知,孙某妻子的想法是不可取的,在法律上要求抵押必须通过书面形式设定,口头协议无效。

▶ 5. 抵押合同包括什么具体内容

案例

对于朋友借钱,孙某和妻子达成一个统一的意见:“以后借钱可以,但必须走抵押手续。”文化程度并不高的孙某虽然同意了妻子的建议,但对抵押协议的内容几乎是一无所知。抵押合同到底包括什么内容呢?

解析

《民法典》第400条第2款规定,抵押合同一般包括下列条款:(1)被担保债权的种类和数额;(2)债务人履行债务的期限;(3)抵押财产的名称、数量等情况;(4)担保的范围。

6. 抵押房产必须进行登记吗

案例

郭某夫妇打算承包某学校的食堂,由于资金不足,便动了抵押房产借钱的念头。郭某想知道抵押房产必须进行登记吗?

解析

《民法典》第397条第1款规定:“以建筑物抵押的,该建筑物占用范围内的建设用地使用权一并抵押。以建设用地使用权抵押的,该土地上的建筑物一并抵押。”《民法典》第402条规定:以本法第395条第1款第1项至第3项规定的财产或者第5项规定的正在建造的建筑物抵押的,应当办理抵押登记。抵押权自登记时设立。

抵押登记的意义在于公示,从而保障交易的安全。本案中,郭某夫妇如果将房产抵押出去,是必须办理抵押登记的,否则,抵押不成立。

7. 当抵押权遇上债权转让,该怎么办

案例

陈某曾经将20万元借给周某做生意,周某拿自己的一辆奥迪轿车进行抵押。双方约定借款期限为1年。由于陈某也是生意人,在一次朋友聚会上,结识了电影投资人赵某,赵某向陈某许诺,只要陈某肯投资20万元,就能给他在电影中弄一个广告位,陈某公司的名字就能出现在该部电影中。陈某告诉赵某,自己对周某有一笔即将到期的20万元债权,赵某得知这笔债权有一辆奥迪轿车作为担保,便同意陈某用20万元债权入股投资电影。但现在有个问题摆在赵某面前,虽然这笔债权可以转让给自

己,但抵押权何去何从呢?

解析

《民法典》第407条规定:“抵押权不得与债权分离而单独转让或者作为其他债权的担保。债权转让的,担保该债权的抵押权一并转让,但是法律另有规定或者当事人另有约定的除外。”

抵押权是担保物权的一种,抵押权是为担保债权而存在的,如果没有债权,那么担保物权也就没有存在的意义。因此,如果转让债权,必须连同抵押权一并转让。据此可知,本案中,陈某应将20万元的债权连同抵押权一并转让给电影投资人赵某。

8. 欠债还钱的时候,可以变更优先受偿顺序吗

案例

孙某经营了一家蛋糕店,开分店需要筹集资金,孙某先后向赵某借款10万元,跟郭某借款15万元,又向张某借款11万元。为了保障他们债权的实现,先后用自己的一辆宝马轿车抵押给三人,按照抵押手续的时间,赵某排在郭某前面,郭某又排在张某前面。1年后,三笔债务均快要到期,由于孙某和张某是发小,所以孙某私底下就告诉张某:“我这辆宝马车现在能卖18万元,咱俩关系好,我先把欠你的11万元还上,剩下的7万元,再让赵某和郭某分去。”抵押权的优先受偿顺序可以随意变更吗?

解析

《民法典》第409条规定:“抵押权人可以放弃抵押权或者抵押权的顺位。抵押权人与抵押人可以协议变更抵押权顺位以及被担保的债权数额等内容。但是,抵押权的变更未经其他抵押权人书面同意的,不得对其

他抵押权人产生不利影响。债务人以自己的财产设定抵押,抵押权人放弃该抵押权、抵押权顺位或者变更抵押权的,其他担保人在抵押权人丧失优先受偿权益的范围内免除担保责任,但是其他担保人承诺仍然提供担保的除外。"

本案中,如果孙某想变更抵押权受偿顺位,必须经过在先顺位的赵某和郭某同意;未经他二人同意,变更顺位无效。

▶ 9. 因赌博设定的抵押是否有效

案例

陈某和刘某是小学同学,某天,刘某告诉陈某,自己把别人给撞了,只要能筹到15万元,对方就能私了,自己也可以避免牢狱之灾。但此时的陈某,手里能流动的现金,都用于生意上了,所以一时半会儿也拿不出钱来。刘某说,他可以另找人借,但需要担保,所以希望陈某将自己的凯迪拉克轿车拿出来抵押,帮自己渡过难关。陈某见刘某说得可怜,便动了恻隐之心,答应了刘某的请求。事后,陈某为刘某向赵某所借款项15万元提供担保,将自己的轿车拿出来抵押。但没过多久,陈某得知刘某并没有出什么交通事故,那所谓的15万元是赌债。为此,陈某还专门找到赵某,要求撤销抵押。但赵某并没有同意。这项抵押是否有效?

解析

《民法典》第388条规定:"设立担保物权,应当依照本法和其他法律的规定订立担保合同。担保合同包括抵押合同、质押合同和其他具有担保功能的合同。担保合同是主债权债务合同的从合同。主债权债务合同无效的,担保合同无效,但是法律另有规定的除外。担保合同被确认无效后,债务人、担保人、债权人有过错的,应当根据其过错各自承担相应的民事责任。"

赌博属于恶债,在我国是不受法律保护的,基于赌博之债产生的抵押合同,当然也是无效的。因此,陈某在本案中无须对这 15 万元承担任何责任。

10. 抵押中的房子被烧毁,该怎么办

案例

周某有一家公司,打算向刘某借钱,扩大经营规模。刘某答应借款给周某,但要求周某用房产抵押。后经双方协商,刘某借给周某 60 万元,周某拿某街边的门面房抵押,并办完了抵押手续,借款期限为 1 年。但在借款期限持续到半年的时候,抵押的门面房失火,被全部烧毁。所幸的是,这套街边的门面房失火前,已经投过保险。刘某的抵押权该如何实现?

解析

《民法典》第 390 条规定:"担保期间,担保财产毁损、灭失或者被征收等,担保物权人可以就获得的保险金、赔偿金或者补偿金等优先受偿。被担保债权的履行期限未届满的,也可以提存该保险金、赔偿金或者补偿金等。"

本案中,虽然还款期限没到,但在抵押物灭失毁损的情况下,可以将涉案的保险金进行提存,以备将来受偿。

11. 当担保遇上债务转让,该怎么办

案例

王某和赵某曾经在一起当过兵,复员后,王某和赵某又都分配到同一家单位工作。2015 年,赵某告诉王某,自己准备辞职,出去闯荡闯荡,和别人开公司,但手里资金不够,希望王某能给自己提供担保,自己好跟别

人去借钱。王某认为,自己只是提供担保,并不需要出钱,就答应了。之后赵某从孙某处借款40万元,由王某出面提供担保,将自己的房子抵押给孙某。3个月之后,王某听说,赵某经过孙某同意,已经在半个月前就将这40万元债务转让给了高某。王某根本不认识高某是何人,便认为,既然不认识高某是谁,他就没义务继续为这笔40万元借款提供担保,所以找到孙某,商量解除担保的事情,但孙某并不同意解除担保。王某还要承担担保责任吗?

解析

《民法典》第391条规定:"第三人提供担保,未经其书面同意,债权人允许债务人转移全部或者部分债务的,担保人不再承担相应的担保责任。"

本案中,孙某作为债权人,在未经过担保人王某同意的情况下,擅自允许赵某转让债务,王某没义务继续为这笔债务提供担保;将来如果发生不能受偿的情形,王某无须承担担保责任。

12. 出租的房子拿去抵押,租金到底归谁

案例

刘某在某市购买了一套三居室,并将此房出租给张某,张某按月支付租金6000元。刘某在房子租出去的第3个月,又跟银行借款80万元,并将这套已经出租出去的价值300万元的房产抵押给了银行。银行的人认为,这套房子既然已经租出去了,那么租金理应属于银行。银行的说法正确吗?

解析

《民法典》第405条规定,抵押权设立前,抵押财产已经出租并转移

占有的，原租赁关系不受该抵押权的影响。据此可知，本案中刘某将已经出租出去的房子抵押给银行后，租赁合同继续有效，租金当然还是由刘某收取和所有，与银行无关。

▶ 13. 如果欠债不还，抵押物可以直接抵债吗

案例

沈某最近比较烦恼，经常有人管他借钱，他于是想了个办法，如果再有人跟他借钱，就直接在担保合同中写上，到期如果不还钱，直接拿担保物抵债。简单省事，方便高效。但他不知道这在法律上是否行得通。

解析

《民法典》第401条规定，抵押权人在债务履行期限届满前，与抵押人约定债务人不履行到期债务时抵押财产归债权人所有的，只能依法就抵押财产优先受偿。据此可知，沈某的想法只能说一厢情愿了，法律禁止直接将抵押物进行抵债。但可以在抵押物变现的时候，比如将抵押物拍卖的时候，就拍卖款进行优先受偿，而不是直接取得抵押物的所有权。

▶ 14. 借钱的利息，一般怎样约定才合法

案例

李某准备买一套二手房，由于资金不足，便从一个做生意的哥们儿那借到了10万元，但双方约定，10万元的利息按月计算，起步利息是借款总额的30%，自第2个月开始每过1个月利息增加2%。由于当时李某急需这10万元付首付，所以不假思索地和对方达成了借款协议，现在回过头来想，这利息实在太高了，简直是“高利贷”。这样的借款协议合法吗？

解析

最高人民法院《关于审理民间借贷案件适用法律若干问题的规定》第26条规定:“出借人请求借款人按照合同约定利率支付利息的,人民法院应予支持,但是双方约定的利率超过合同成立时一年期贷款市场报价利率四倍的除外。前款所称‘一年期贷款市场报价利率’,是指中国人民银行授权全国银行间同业拆借中心自2019年8月20日起每月发布的一年期贷款市场报价利率。”

2021年1月20日,全国银行间同业拆借中心受权公布贷款市场报价利率(LPR)公告:中国人民银行授权全国银行间同业拆借中心公布,2021年1月20日贷款市场报价利率(LPR)为:1年期LPR为3.85%,5年期以上LPR为4.65%。以上LPR在下一次发布LPR之前有效。本案中,借款协议约定的年利率超出报价利率(LPR)4倍的部分无效。

15. 他人能以未成年人的名义借钱吗

案例

小学生王某身世坎坷,自幼父母双亡,一直由哥哥抚养。哥哥娶妻高某之时,王某刚上小学五年级,平日里被嫂子视为只会浪费粮食的多余之人。最近,王某哥哥做生意需要钱周转,需要向亲戚借款5万元,高某便以要给王某交辅导费为由,以王某的名义借款,并命令王某在借条上签上了自己的名字。高某的做法合法吗?

解析

《民法典》第19条规定:“八周岁以上的未成年人为限制民事行为能力人,实施民事法律行为由其法定代理人代理或者经其法定代理人同意、追认;但是,可以独立实施纯获利益的民事法律行为或者与其年龄、智力相适应的民事法律行为。”

限制民事行为能力人订立的合同,经法定代理人追认后,该合同有效。但纯获利益的合同或者与其年龄、智力、精神健康状况相适应而订立的合同,不必经法定代理人追认。相对人可以催告法定代理人在一个月内予以追认。法定代理人未作表示的,视为拒绝追认。合同被追认之前,善意相对人有撤销的权利。撤销应当以通知的方式作出。基于此,如果他人以未成年人的名义进行大额借贷,是无效的。高某打算以王某名义借钱,自己逃避还款责任,是不可行的。

▶ 16. 欠条的名字写错了,该怎么办

案例

王某从宋某某处借款5万元,并出具借条,半年后,宋某某由于生意吃紧,急需现金周转,便向王某索要5万元借款,王某便以各种借口拖延。宋某某眼见要钱无望,便将王某诉至当地人民法院。现在有个问题出现在宋某某面前,虽然银行转账记录上面显示,从宋某某的银行账户上转账给王某5万元,借条上写的是王某从宋某某处借款5万元,而宋某某的身份证上面的名字却是宋某,少了一个"某"。这让王某看到了赖账的机会,王某能赖得过去吗?

解析

《民法典》第675条规定,借款人应当按照约定的期限返还借款。对借款期限没有约定或者约定不明确,依据本法第510条的规定仍不能确定的,借款人可以随时返还;贷款人可以催告借款人在合理期限内返还。《民诉解释》第90条规定:"当事人对自己提出的诉讼请求所根据的事实或者反驳对方诉讼请求所根据的事实,应当提供证据加以证明,但法律另有规定的除外。在作出判决前,当事人未能提供证据或者证据不足以证明其事实主张的,由负有举证责任的当事人承担不利后果。"可见,只要

借贷关系存在,即使名字写错了,债务人也应当还钱。

17."利滚利"合法吗

案例

郭某是个个体户,经营一家饭店,想要加盟连锁酒店,但由于加盟费用不菲,手里的资金还差1/3,于是便向加盟介绍人刘某借款50万元,借款两年。并约定利息的年利率为20%,每年的12月5日为利息支付日。如果郭某到期不能支付利息,便将利息直接并入本金。刘某的要求合法吗?

解析

《民法典》第680条第1款规定:"禁止高利放贷,借款的利率不得违反国家有关规定。"最高人民法院《关于审理民间借贷案件适用法律若干问题的规定》第28条规定:"借贷双方对前期借款本息结算后将利息计入后期借款本金并重新出具债权凭证,如果前期利率没有超过合同成立时一年期贷款市场报价利率四倍,重新出具的债权凭证载明的金额可认定为后期借款本金。超过部分的利息,不应认定为后期借款本金。按前款计算,借款人在借款期间届满后应当支付的本息之和,超过以最初借款本金与以最初借款本金为基数、以合同成立时一年期贷款市场报价利率四倍计算的整个借款期间的利息之和的,人民法院不予支持。"

2021年1月20日,全国银行间同业拆借中心受权公布贷款市场报价利率(LPR)公告:中国人民银行授权全国银行间同业拆借中心公布,2021年1月20日贷款市场报价利率(LPR)为:1年期LPR为3.85%,5年期以上LPR为4.65%。以上LPR在下一次发布LPR之前有效。由此可知,本案中刘某提出的利息并入本金的要求不合法。

▶ 18. 借钱的时候，忘记约定利息支付时间，该怎么办

案例

叶某18岁的时候，在住处附近租了一个小门面做起了服装生意。叶某的同学孙某看见服装生意如此红火，也想租一家小门面，干服装的买卖，但手头没什么钱，便找叶某借钱。叶某借给孙某5万元，借期两年，利息按银行利率。两年的时间一晃而过，孙某只将本金5万元还给叶某，并声称利息也没约定什么时候还，等自己有钱的时候再还。叶某认为孙某太不讲理。叶某的利息还要得回来吗？

解析

《民法典》第674条规定："借款人应当按照约定的期限支付利息。对支付利息的期限没有约定或者约定不明确，依据本法第五百一十条的规定仍不能确定，借款期间不满一年的，应当在返还借款时一并支付；借款期间一年以上的，应当在每届满一年时支付，剩余期间不满一年的，应当在返还借款时一并支付。"

本案中，未约定利息支付时间，孙某应按上述法律规定向叶某支付利息。

▶ 19. 当借钱遇上不还钱的，利息该怎么计算

案例

郭某借给侄子5万元，约定1年半之后归还，但并未约定利息。郭某侄子后来利用这5万元，在集贸市场上租了个水果摊，通过1年多起早贪黑的经营，收益可观。郭某原本打算到期后，向侄子讨回欠款，却遭到了侄子的无理拖延，一直到两年半的时候，郭某已经多次向侄子讨要欠款，可侄子就是以各种理由拒绝还款。郭某可以向侄子要求利息吗？

解析

《民法典》第 675 条和第 676 条规定:(1)借款人应当按照约定的期限返还借款。(2)对借款期限没有约定或者约定不明确,依据本法第 510 条的规定仍不能确定的,借款人可以随时返还;贷款人可以催告借款人在合理期限内返还。(3)借款人未按照约定的期限返还借款的,应当按照约定或者国家有关规定支付逾期利息。

本案中,郭某可以向侄子要求偿付逾期利息。

20. 欠债人死亡,“父债子偿”的说法成立吗

案例

华某早年丧偶,一直和自己的儿子相依为命。华某为开汽车修理厂,分别找到发小王某、高某、李某借款,总共借到 15 万元,并约定 1 年之后还款,还款时支付相应的利息。修理厂开业后,华某在一次作业中发生意外,经抢救无效死亡。华某死后,修理厂濒临倒闭,债权人王某、高某、李某眼看自己的钱要打水漂,就找到华某的儿子小华,让他还钱。小华表示,自己只是个高中生,无收入来源,没钱可还。但 3 个债权人却认为,“父债子还”天经地义。王某等人的说法合法吗?

解析

《民法典》第 1161 条规定:“继承人以所得遗产实际价值为限清偿被继承人依法应当缴纳的税款和债务。超过遗产实际价值部分,继承人自愿偿还的不在此限。继承人放弃继承的,对被继承人依法应当缴纳的税款和债务可以不负清偿责任。”

本案中,小华仅在其继承的华某的遗产实际价值限额内偿还债务,且小华是未成年人,在从遗产中偿还债务时,还须保留小华必要的生活费用。

▶ 21. 借款合同，应当包括什么内容

案例

李某想买一套学区房，经过数次选房，李某和房主达成了协议，以390万元的价格成交。为筹借首付，李某找到朋友王某借钱，由于李某曾经帮过王某，王某不好意思拒绝李某借钱买房的请求。王某想和李某签订借款合同，但不知借款合同应当包括哪些内容？

解析

《民法典》第667条和第668条规定：(1)借款合同是借款人向贷款人借款，到期返还借款并支付利息的合同。(2)借款合同应当采用书面形式，但是自然人之间借款另有约定的除外。(3)借款合同的内容一般包括借款种类、币种、用途、数额、利率、期限和还款方式等条款。据此可知，法律建议民间借贷当事人之间在借款的时候，采用书面的形式；在合同的内容上，要写清楚借款的种类、币种、用途等内容，以备将来出现借款纠纷之时，用作证据使用。当然，在现实生活中，很多熟人之间借款更多地采用口头形式，但这样做就会给出借人一方带来相当大的法律风险，没有借条，随随便便地就将钱财借给他人，一旦对方“耍赖”，在既没借条也没有银行转账记录的情况下，出借人将会承担举证不能的败诉风险。

▶ 22. 借条被认定无效，该怎么办

案例

孙某成立了一家新公司，他认识的很多老职工都把钱以高于银行的利息借给了该公司，该公司也分别向这些职工打了欠条，盖了公章，还约定了利息以及还款的时间。1年后，很多职工的欠条都已经到期了，他们成群结队，来到孙某的企业索要欠款和利息。迎接他们的却是各种推诿

和说辞。并且孙某还放出狠话来:“你们要是想起诉也可以,不过这案子一到法院肯定被认定无效,到时候你们连本带利都别想要回来!”这让很多老职工一时慌了手脚,不知道该怎么办。

解析

《民法典》第157条规定:“民事法律行为无效、被撤销或者确定不发生效力后,行为人因该行为取得的财产,应当予以返还;不能返还或者没有必要返还的,应当折价补偿。有过错的一方应当赔偿对方由此所受到的损失;各方都有过错的,应当各自承担相应的责任。法律另有规定的,依照其规定。”《非法金融机构和非法金融业务活动取缔办法》第4条规定,本办法所称非法金融业务活动,是指未经中国人民银行批准,擅自从事的下列活动:(1)非法吸收公众存款或者变相吸收公众存款;(2)未经依法批准,以任何名义向社会不特定对象进行的非法集资;(3)非法发放贷款、办理结算、票据贴现、资金拆借、信托投资、金融租赁、融资担保、外汇买卖;(4)中国人民银行认定的其他非法金融业务活动。前款所称非法吸收公众存款,是指未经中国人民银行批准,向社会不特定对象吸收资金,出具凭证,承诺在一定期限内还本付息的活动;所称变相吸收公众存款,是指未经中国人民银行批准,不以吸收公众存款的名义,向社会不特定对象吸收资金,但承诺履行的义务与吸收公众存款性质相同的活动。

本案中,孙某创办的企业在进行非法金融业务活动,属于无效且违法行为,就算将来诉至法院,被法院认定为无效后,老职工的辛苦钱也不会打水漂,该公司也应当承担连本带息的返还责任。

23. 合伙做买卖期间产生的债务,该怎么偿还

案例

金某是刑满释放人员,为了改过自新,找到曾经在某再生资源服务公

司工作的高某,打算合伙成立一家再生资源回收服务站,为周边 8 家社区的居民提供再生资源回收服务,两人经过商量,每人出资 75 万元。但金某资金有限,先向高某借款 25 万元(金某出具借条载明该借款为金某向高某所借,约定两年后偿还本金和利息),加上手头的 50 万元,共计 75 万元,投入该合伙企业中。起初,该合伙企业运营正常,金某也非常有干劲,但好景不长,金某以前的狱友找到金某,金某又开始自甘堕落,将重新做人的理想抛诸脑后。两年过后,该合伙企业名为合伙,实际上都是由高某一个人在打理,高某担心自己的 25 万元打了水漂,既然欠款已经到期,便找到金某索要欠款。金某却以这是合伙期间产生的债务,应当算合伙企业的债务,与自己无关为由拒绝还钱。该债务怎么偿还?

解析

《民法典》第 667 条规定:“借款合同是借款人向贷款人借款,到期返还借款并支付利息的合同。”

本案中,金某向合伙人高某借款 25 万元,用于合伙经营,同时出具借条,载明了借款的用途、具体金额、利息,以及还款的时间,足以认定是普通的民间借贷关系,金某应当按照借条的约定,按时向高某还钱,并支付利息。

图书在版编目(CIP)数据

社区居民以案释法读本 / 全国“八五”普法学习读本编写组编. --2 版. --北京：法律出版社，2021
ISBN 978-7-5197-5627-7

Ⅰ. ①社… Ⅱ. ①全… Ⅲ. ①案例-中国-普及读物 Ⅳ. ①D920.5

中国版本图书馆 CIP 数据核字(2021)第 144984 号

社区居民以案释法读本(第二版)
SHEQU JUMIN YIANSHIFA DUBEN (DI-ER BAN)

全国“八五”普法学习读本编写组 编

策划编辑 沈小英
责任编辑 陈 妮 程王刚
装帧设计 汪奇峰

出版发行 法律出版社
编辑统筹 法治与经济出版分社
责任校对 杨锦华 王沁陶
责任印制 吕亚莉
经 销 新华书店

开本 710 毫米×1000 毫米 1/16
印张 16 **字数** 265 千
版本 2021 年 8 月第 2 版
印次 2021 年 8 月第 1 次印刷
印刷 固安华明印业有限公司

地址:北京市丰台区莲花池西里 7 号(100073)
网址:www.lawpress.com.cn
投稿邮箱:info@lawpress.com.cn
举报盗版邮箱:jbwq@lawpress.com.cn
销售电话:010-83938349
客服电话:010-83938350
咨询电话:010-63939796

书号:ISBN 978-7-5197-5627-7
定价:58.00 元
凡购买本社图书,如有印装错误,我社负责退换。电话:010-83938349